영어 오답의 모든것 3

뼈때리는 핵심독해

꿈구두

영어오답의 모든 것

③ 뼈때리는 핵심독해

[핵심편] 문제 목차

Ⅰ 글의 전개 방식

1 주제문의 위치에 따른 글의 전개

2 중심내용 서술방식에 따른 글의 전개

Ⅱ 독해 유형 연습

1 글의 중심내용 관련 독해 유형

2 글의 세부내용 관련 독해 유형

영어 오답의 모든 것 [핵심편] 구성 및 활용 방법

I 글의 전개 방식

: 본격적인 독해 유형별 학습 이전에, 글의 기본적인 전개 방식 12가지를 소개하는 챕터

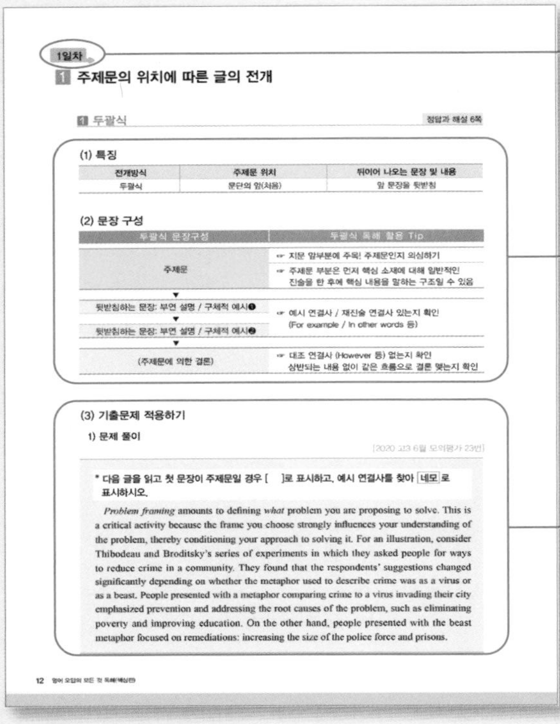

1일차

1 주제문의 위치에 따른 글의 전개

1 두괄식 — 정답과 해설 6쪽

(1) 특징

전개방식	주제문 위치	뒤이어 나오는 문장 및 내용
두괄식	문단의 앞(처음)	앞 문장을 뒷받침

(2) 문장 구성

두괄식 문장구성	두괄식 독해 활용 Tip
주제문	☞ 지문 앞부분에 주목! 주제문인지 의심하기 ☞ 주제문 부분은 먼저 핵심 소재에 대해 일반적인 진술을 한 후에 핵심 내용을 말하는 구조일 수 있음
▼	
뒷받침하는 문장: 부연 설명 / 구체적 예시❶ ▼ 뒷받침하는 문장: 부연 설명 / 구체적 예시❷	☞ 예시 연결사 / 재진술 연결사 있는지 확인! (For example / In other words 등)
▼	
(주제문에 의한 결론)	☞ 대조 연결사 (However 등) 없는지 확인! 상반되는 내용 없이 같은 흐름으로 결론 맺는지 확인

(3) 기출문제 적용하기

1) 문제 풀이

[2020 고3 6월 모의평가 23번]

* 다음 글을 읽고 첫 문장이 주제문일 경우 [ ]로 표시하고, 예시 연결사를 찾아 네모로 표시하시오.

Problem framing amounts to defining *what* problem you are proposing to solve. This is a critical activity because the frame you choose strongly influences your understanding of the problem, thereby conditioning your approach to solving it. For an illustration, consider Thibodeau and Broditsky's series of experiments in which they asked people for ways to reduce crime in a community. They found that the respondents' suggestions changed significantly depending on whether the metaphor used to describe crime was as a virus or as a beast. People presented with a metaphor comparing crime to a virus invading their city emphasized prevention and addressing the root causes of the problem, such as eliminating poverty and improving education. On the other hand, people presented with the beast metaphor focused on remediations: increasing the size of the police force and prisons.

12 영어 오답의 모든 것 독해(핵심편)

✔ 1일차~12일차로 내용을 구성해 단기간에 체계적이고 꾸준한 학습 가능

✔ 글의 전개방식에 따른 특징과 문장 구성을 도표를 활용해 한 눈에 파악

✔ 글의 전개방식을 직접 적용해 볼 수 있는 실제 기출문제 풀어보기

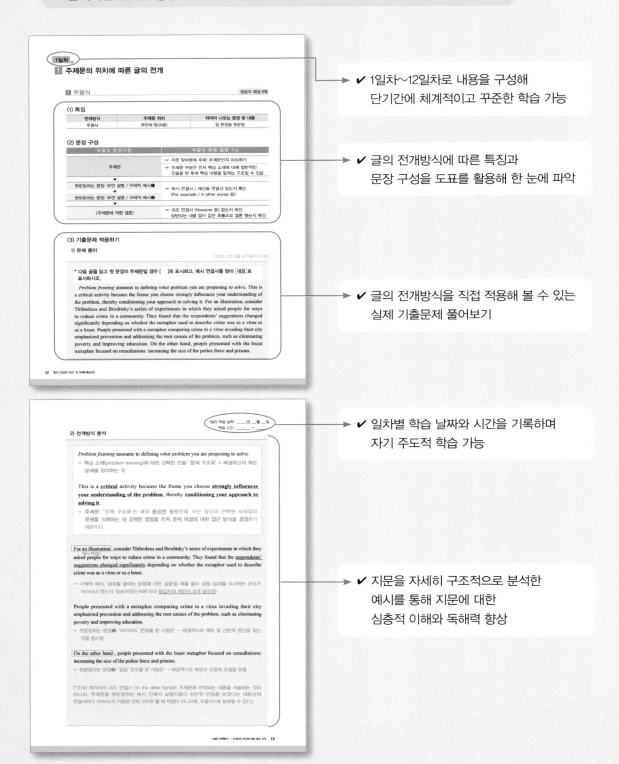

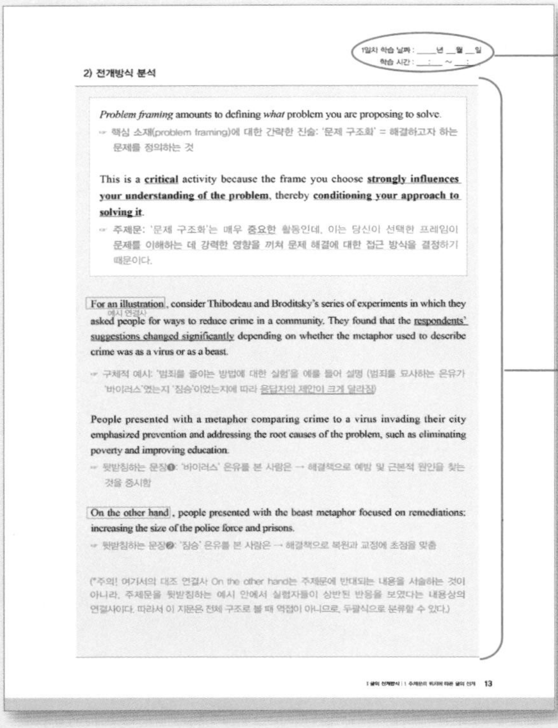

1일차 학습 날짜 : ____년 __월 __일
학습 시간 : __:__ ~ __:__

2) 전개방식 분석

Problem framing amounts to defining *what* problem you are proposing to solve.

☞ 핵심 소재(problem framing)에 대한 간략한 진술: '문제 구조화' = 해결하고자 하는 문제를 정의하는 것

This is a **critical** activity because the frame you choose **strongly influences your understanding of the problem**, thereby **conditioning your approach to solving it**.

☞ 주제문: '문제 구조화'는 매우 중요한 활동인데, 이는 당신이 선택한 프레임이 문제를 이해하는 데 강력한 영향을 끼쳐 문제 해결에 대한 접근 방식을 결정하기 때문이다.

For an illustration (예시 연결사), consider Thibodeau and Broditsky's series of experiments in which they asked people for ways to reduce crime in a community. They found that the respondents' suggestions changed significantly depending on whether the metaphor used to describe crime was as a virus or as a beast.

☞ 구체적 예시: '범죄를 줄이는 방법에 대한 실험'을 예를 들어 설명 (범죄를 묘사하는 은유가 '바이러스'였는지 '짐승'이었는지에 따라 응답자의 제안이 크게 달라짐)

People presented with a metaphor comparing crime to a virus invading their city emphasized prevention and addressing the root causes of the problem, such as eliminating poverty and improving education.

☞ 뒷받침하는 문장❶: '바이러스' 은유를 본 사람은 → 해결책으로 예방 및 근본적 원인을 찾는 것을 중시함

On the other hand, people presented with the beast metaphor focused on remediations: increasing the size of the police force and prisons.

☞ 뒷받침하는 문장❷: '짐승' 은유를 본 사람은 → 해결책으로 복원과 교정에 초점을 맞춤

(*주의! 여기서의 대조 연결사 On the other hand는 주제문에 반대되는 내용을 서술하는 것이 아니라, 주제문을 뒷받침하는 예시 안에서 실험자들이 상반된 반응을 보였다는 내용상의 연결사이다. 따라서 이 지문은 전체 구조로 볼 때 역접이 아니므로, 두괄식으로 분류할 수 있다.)

I 글의 전개방식 | 1 주제문의 위치에 따른 글의 전개 13

✔ 일차별 학습 날짜와 시간을 기록하며 자기 주도적 학습 가능

✔ 지문을 자세히 구조적으로 분석한 예시를 통해 지문에 대한 심층적 이해와 독해력 향상

Ⅱ 독해 유형 연습

: 수능에 출제되는 핵심적 독해 유형을 크게 '글의 중심내용 관련 유형' 5가지와 '글의 세부내용 관련 유형' 4가지로 나누어 유형별 비법을 알려주는 챕터

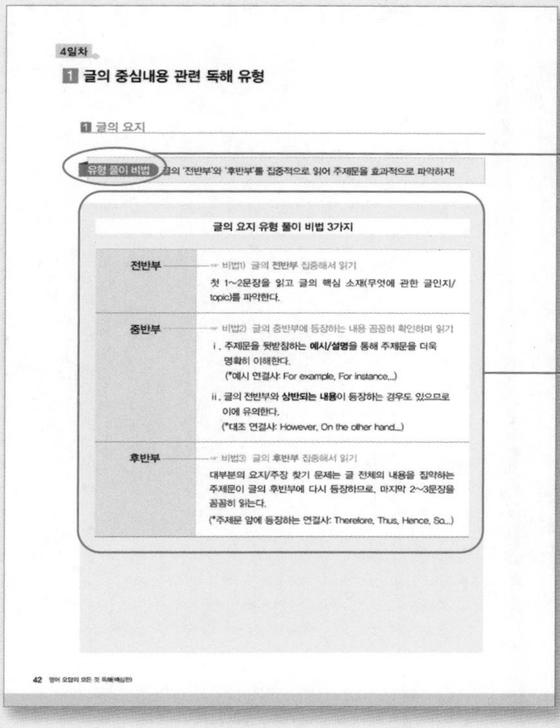
4일차

1 글의 중심내용 관련 독해 유형

1 글의 요지

유형 풀이 비법 글의 '전반부'와 '후반부'를 집중적으로 읽어 주제문을 효과적으로 파악하자!

글의 요지 유형 풀이 비법 3가지	
전반부	☞ 비법1) 글의 전반부 집중해서 읽기 첫 1~2문장을 읽고 글의 핵심 소재(무엇에 관한 글인지/topic)를 파악한다.
중반부	☞ 비법2) 글의 중반부에 등장하는 내용 꼼꼼히 확인하며 읽기 ⅰ. 주제문을 뒷받침하는 **예시/설명**을 통해 주제문을 더욱 명확히 이해한다. (*예시 연결사: For example, For instance...) ⅱ. 글의 전반부와 **상반되는 내용**이 등장하는 경우도 있으므로 이에 유의한다. (*대조 연결사: However, On the other hand...)
후반부	☞ 비법3) 글의 후반부 집중해서 읽기 대부분의 요지/주장 찾기 문제는 글 전체의 내용을 집약하는 주제문이 글의 후반부에 다시 등장하므로, 마지막 2~3문장을 꼼꼼히 읽는다. (*주제문 앞에 등장하는 연결사: Therefore, Thus, Hence, So...)

42

✔ 해당 유형에 대한 풀이 비법을 한 문장으로 압축해서 정리

✔ 각각의 독해 유형에 맞는 풀이 비법을 도표와 예시를 활용해 상세하게 학습

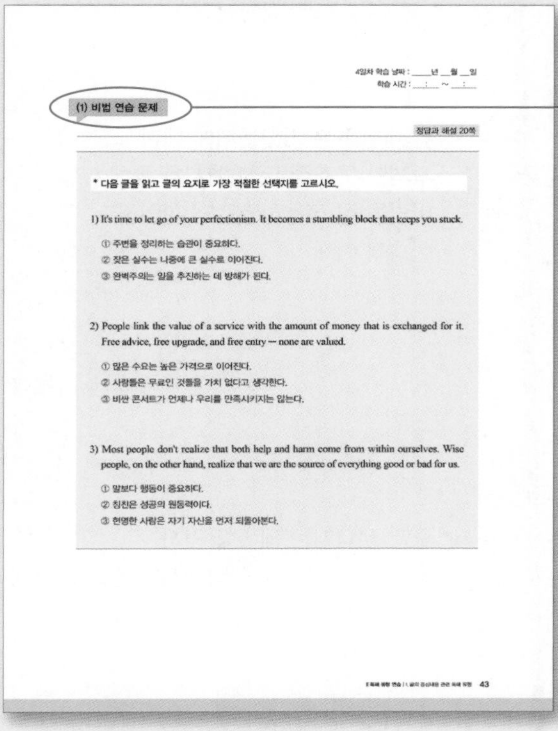
4일차 학습 날짜 : ____년 __월 __일
학습 시간 : __:__ ~ __:__

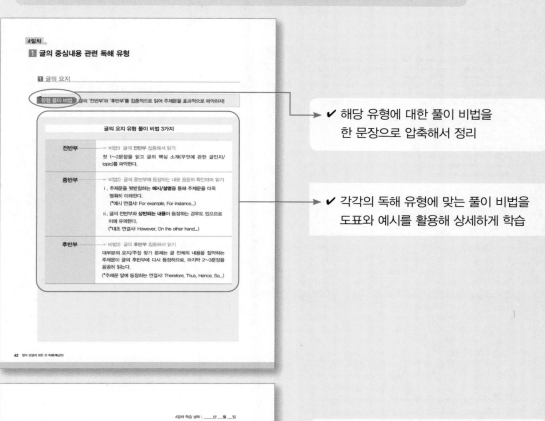

(1) 비법 연습 문제

정답과 해설 20쪽

* 다음 글을 읽고 글의 요지로 가장 적절한 선택지를 고르시오.

1) It's time to let go of your perfectionism. It becomes a stumbling block that keeps you stuck.

① 주변을 정리하는 습관이 중요하다.
② 잦은 실수는 나중에 큰 실수로 이어진다.
③ 완벽주의는 일을 추진하는 데 방해가 된다.

2) People link the value of a service with the amount of money that is exchanged for it. Free advice, free upgrade, and free entry — none are valued.

① 많은 수요는 높은 가격으로 이어진다.
② 사람들은 무료인 것들을 가치 없다고 생각한다.
③ 비싼 콘서트가 언제나 우리를 만족시키지는 않는다.

3) Most people don't realize that both help and harm come from within ourselves. Wise people, on the other hand, realize that we are the source of everything good or bad for us.

① 말보다 행동이 중요하다.
② 칭찬은 성공의 원동력이다.
③ 현명한 사람은 자기 자신을 먼저 되돌아본다.

43

✔ 앞에서 배운 독해 유형별 비법들을 바로 적용해볼 수 있는 간단한 연습문제 풀이

(2) 기출 연습 문제

정답과 해설 21쪽

1) 문제 풀이

[2019 고1 3월 전국연합 22번]

* 다음 글의 요지로 가장 적절한 것은?

According to professor Jacqueline Olds, there is one sure way for lonely patients to make a friend — to join a group that has a shared purpose. This may be difficult for people who are lonely, but research shows that it can help. Studies reveal that people who are engaged in service to others, such as volunteering, tend to be happier. Volunteers report a sense of satisfaction at enriching their social network in the service of others. Volunteering helps to reduce loneliness in two ways. First, someone who is lonely might benefit from helping others. Also, they might benefit from being involved in a voluntary program where they receive support and help to build their own social network.

① 외로움을 극복하는 데는 봉사 활동이 유익하다.
② 한 가지 봉사 활동을 지속적으로 하는 것이 좋다.
③ 봉사 활동은 진로를 탐색할 수 있는 기회를 제공한다.
④ 행복한 삶을 위해서는 혼자만의 시간이 필요하다.
⑤ 먼저 자신을 이해해야 남을 위해 봉사할 수 있다.

✔ 기출문제를 먼저 스스로 풀어봄으로써 비법을 적용하는 연습

2) 비법 적용

According to professor Jacqueline Olds, there is one sure way for lonely patients to make a friend — to join a group that has a shared purpose. 〈글의 전개방식: 양괄〉

☞ 비법1) 글의 전반부 → 핵심 소재 파악: 외로운 사람들이 친구를 만드는 방법 = 공동의 목적을 가진 집단에 가입

This may be difficult for people who are lonely, but research shows that it can help. Studies reveal that people who are engaged in service to others, such as volunteering, tend to be happier. Volunteers report a sense of satisfaction at enriching their social network in the service of others.

☞ 비법2) 구체적 예시: 연구결과에 따르면 봉사자들은 사회적 관계망을 풍부히 하는 데서 만족을 느낌

〈 글의 전개방식: 양괄 〉

Volunteering helps to **reduce loneliness** in two ways. First, someone who is lonely might benefit from helping others. Also, they might benefit from being involved in a voluntary program where they receive support and **help to build their own social network**.

☞ 비법3) 글의 후반부 → 핵심 내용을 집약하는 주제문 다시 등장: 봉사 = 공동의 목적을 가진 집단에 가입하는 것은, 사회적 관계망을 형성해 외로움을 줄여줌

※ 글의 요지 1)2)3) 종합: 봉사 활동을 통해 사회적 관계망을 형성해 외로움을 줄일 수 있다.

✔ 앞서 풀어본 기출문제에 대한 자세한 구조적 분석 예시를 통해 비법을 잘 적용하였는지 확인하고 심층적 이해

3) 오답의 모든 것

① 외로움을 극복하는 데는 봉사 활동이 유익하다.
▶**'봉사 활동을 통해 사회적 관계망을 형성해 외로움을 줄일 수 있다'**와 가장 유사!

② 한 가지 봉사 활동을 지속적으로 하는 것이 좋다.
▶본문의 'one sure way(한 가지 확실한 방법)'이라는 표현을 활용한 오답 보기

③ 봉사 활동은 진로를 탐색할 수 있는 기회를 제공한다.
▶봉사 활동의 일반적인 특징을 활용한 오답 보기

④ 행복한 삶을 위해서는 혼자만의 시간이 필요하다.
▶봉사 활동에 참여하는 사람이 행복한 경향이 있다는 연구 결과에 완전히 상반되는 오답 보기

⑤ 먼저 자신을 이해해야 남을 위해 봉사할 수 있다.
▶봉사 활동의 일반적인 특징을 활용한 오답 보기

✔ 오답 선택지는 왜 오답인지, 정답 선택지는 왜 정답인지를 꼼꼼히 분석

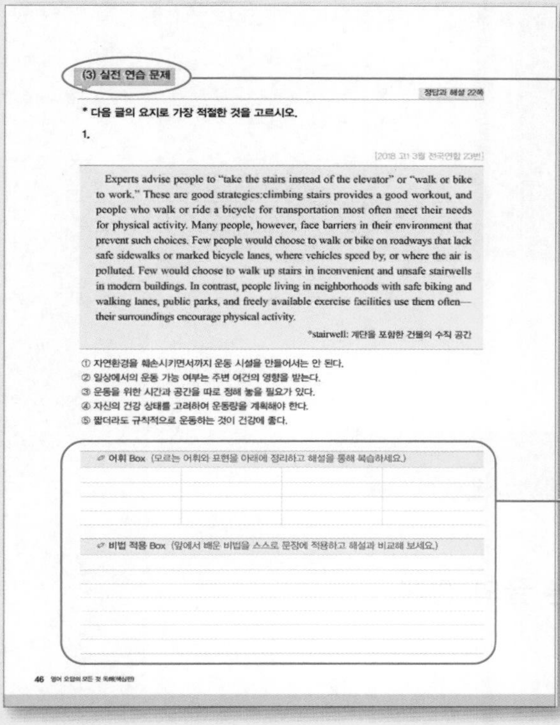

(3) 실전 연습 문제

정답과 해설 22쪽

* 다음 글의 요지로 가장 적절한 것을 고르시오.

1.

[2018 고1 3월 전국연합 23번]

Experts advise people to "take the stairs instead of the elevator" or "walk or bike to work." These are good strategies:climbing stairs provides a good workout, and people who walk or ride a bicycle for transportation most often meet their needs for physical activity. Many people, however, face barriers in their environment that prevent such choices. Few people would choose to walk or bike on roadways that lack safe sidewalks or marked bicycle lanes, where vehicles speed by, or where the air is polluted. Few would choose to walk up stairs in inconvenient and unsafe stairwells in modern buildings. In contrast, people living in neighborhoods with safe biking and walking lanes, public parks, and freely available exercise facilities use them often—their surroundings encourage physical activity.

*stairwell: 계단을 포함한 건물의 수직 공간

① 자연환경을 훼손시키면서까지 운동 시설을 만들어서는 안 된다.
② 일상에서의 운동 가능 여부는 주변 여건의 영향을 받는다.
③ 운동을 위한 시간과 공간을 따로 정해 놓을 필요가 있다.
④ 자신의 건강 상태를 고려하여 운동량을 계획해야 한다.
⑤ 짧더라도 규칙적으로 운동하는 것이 건강에 좋다.

어휘 Box (모르는 어휘와 표현을 아래에 정리하고 해설을 통해 복습하세요.)

비법 적용 Box (앞에서 배운 비법을 스스로 문장에 적용하고 해설과 비교해 보세요.)

46 영어 오답의 모든 것 독해(핵심편)

✔ 전국연합학력평가 및 대학수학능력시험 실전 문제를 통해 반복적인 비법 적용 연습

✔ 문제 풀이와 채점을 마친 후 어려웠던 어휘나 표현을 스스로 정리하고 비법을 적용해봄으로써 자기 주도적 학습

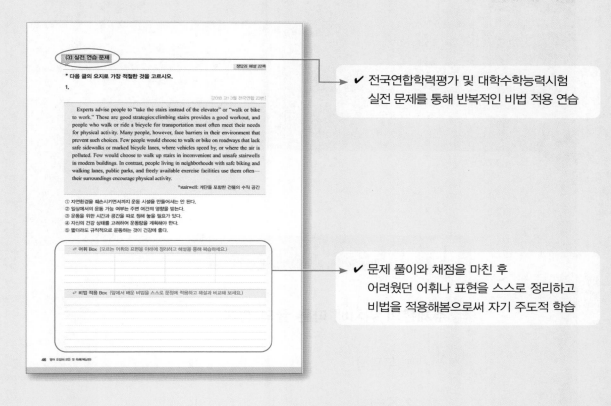

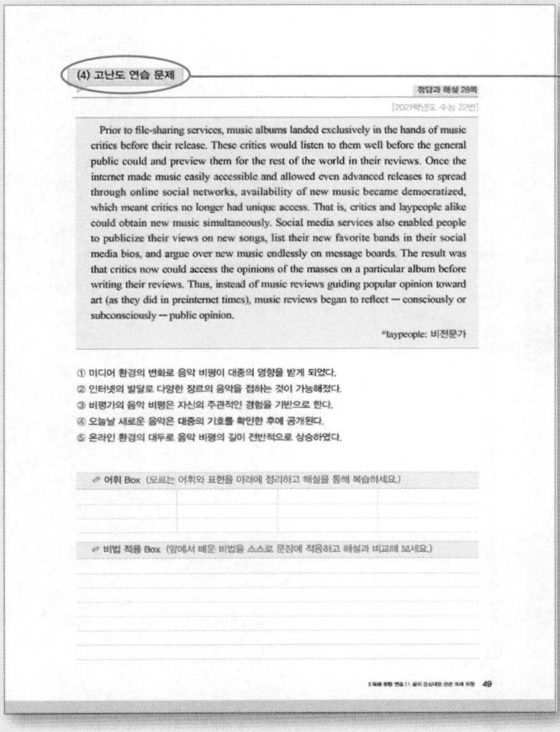

(4) 고난도 연습 문제

정답과 해설 28쪽

[2021학년도 수능 22번]

Prior to file-sharing services, music albums landed exclusively in the hands of music critics before their release. These critics would listen to them well before the general public could and preview them for the rest of the world in their reviews. Once the internet made music easily accessible and allowed even advanced releases to spread through online social networks, availability of new music became democratized, which meant critics no longer had unique access. That is, critics and laypeople alike could obtain new music simultaneously. Social media services also enabled people to publicize their views on new songs, list their new favorite bands in their social media bios, and argue over new music endlessly on message boards. The result was that critics now could access the opinions of the masses on a particular album before writing their reviews. Thus, instead of music reviews guiding popular opinion toward art (as they did in preinternet times), music reviews began to reflect — consciously or subconsciously — public opinion.

*laypeople: 비전문가

① 미디어 환경의 변화로 음악 비평이 대중의 영향을 받게 되었다.
② 인터넷의 발달로 다양한 장르의 음악을 접하는 것이 가능해졌다.
③ 비평가의 음악 비평은 자신의 주관적인 경험을 기반으로 한다.
④ 오늘날 새로운 음악은 대중의 기호를 확인한 후에 공개된다.
⑤ 온라인 환경의 대두로 음악 비평의 길이 전반적으로 상승하였다.

어휘 Box (모르는 어휘와 표현을 아래에 정리하고 해설을 통해 복습하세요.)

비법 적용 Box (앞에서 배운 비법을 스스로 문장에 적용하고 해설과 비교해 보세요.)

49

✔ 마지막으로 난이도가 높은 기출문제를 통해 비법을 심화시켜 적용하는 연습

영어오답의
모든 것!

I 글의 전개 방식

1 주제문의 위치에 따른 글의 전개

1일차 학습하기

Success is not the key to happiness.
Happiness is the key to success.
If you love what you are doing,
you will be successful.

– Albert Schweitzer

성공은 행복을 여는 열쇠가 아니다.
행복이 성공을 여는 열쇠다.
당신이 하고 있는 것을 사랑하면,
당신은 성공할 것이다.

– 알버트 슈바이처

Study Plan

Part Ⅰ 글의 전개 방식

1. 주제문의 위치에 따른 글의 전개

		학습 1회차	학습 2회차	학습 3회차
1일차	1 두괄식			
	2 중괄식			
	3 미괄식			
	4 양괄식			

2. 중심내용 서술방식에 따른 글의 전개

		학습 1회차	학습 2회차	학습 3회차
2일차	1 대조			
	2 설명			
	3 인과			
	4 비교			
3일차	5 부연			
	6 열거			
	7 서사			
	8 묘사			

Note

Part I

글의 전개 방식

※ 전개방식 관련 Q&A

Q) 독해 문제에서 오답을 피하기 위해서 가장 중요한 것은?
A) 글의 핵심 내용을 담은 '주제문'을 찾아야 합니다!
Q) 그렇다면, 주제문을 찾기 위한 방법은 어떤 것이 있나요?
A) 글의 구조를 나타내는 전개 방식을 알면 큰 도움이 됩니다!

필자는 자신이 말하고자 하는 주요 내용인, 주제를 독자에게 효율적으로 전달하기 위해 적절한 전개 방식을 선택합니다. 따라서 독자는 글의 전개 방식, 즉 글의 구조적인 흐름을 파악해가며 읽어야 글의 주제를 효과적으로 파악할 수 있습니다. 독자가 글의 전개 방식에 대한 배경지식이 있다면, 글이 어떤 식으로 진행될지에 대해 예측하고 주제에 대한 추론이 수월해질 것입니다.

수능 독해의 핵심 요소인 주제문 찾기에 도움을 주기 위해, 이 책에서는 글의 전개 방식을 크게 '주제문의 위치에 따른 전개' 4가지와, '중심내용 서술방식에 따른 전개' 8가지를 수록하였습니다.

※ 본격적인 글의 전개 방식 학습에 앞서, 아래의 기본적인 용어와 설명을 읽어보세요.

- **핵심 소재**(Keyword): 글의 핵심 내용을 요약해서 표현하거나, 핵심 내용의 주된 대상이 되는 단어
- **주제문**(Topic Sentence): 글의 주제, 즉 글쓴이가 말하고자 하는 핵심 내용을 담은 문장
- **뒷받침하는 문장**(Supporting Sentence): 주제문을 설명 · 증명 · 보조 · 지지하며 근거가 되는 문장
- **부연 설명**(Additional Explanation): 주제문에 이어 추가적으로 덧붙이는 내용
- **구체적 예시**(Specific Example): 주제문이 실제로 어떻게 적용되는지를 보여주는 세부적인 사례
- **배경 지식**(Background Information): 어떠한 주제를 이해하는 데 있어 배경이 되는 지식
- **연결사**(Transition Word): 두 가지 이상의 내용을 특정한 방식으로 연결해주는 단어

전개방식의 학습은 글의 큰 흐름을 이해하고 예측한다는 점에서 분명 여러분에게 큰 도움이 될 것입니다. 하지만, 독해 문제에서 정답을 찾아가는 결정적인 비법들은 전개방식 학습 이후의 유형별 독해 챕터를 통해 상세하게, 구체적으로 알려드리겠습니다.

위 내용을 모두 숙지했으면, 이제 글의 전개 방식에 어떤 것들이 있는지 하나씩 살펴봅시다. 글의 구조를 파악하는 도구를 머릿속에 장착해 나가는 과정, 시작해 볼까요?

학습 Tip (1) 글의 전개방식 특징 파악 → (2) 도표로 문장 구성 확인 → (3)–1) 도표를 바탕으로 기출문제를 스스로 분석해보기 → (3)–2) 전개방식 분석 파트를 보며 나의 분석과 비교하기

1일차

1 주제문의 위치에 따른 글의 전개

1 두괄식

정답과 해설 6쪽

(1) 특징

전개방식	주제문 위치	뒤이어 나오는 문장 및 내용
두괄식	문단의 앞(처음)	앞 문장을 뒷받침

(2) 문장 구성

두괄식 문장구성	두괄식 독해 활용 Tip
주제문	☞ 지문 앞부분에 주목! 주제문인지 의심하기 ☞ 주제문 부분은 먼저 핵심 소재에 대해 일반적인 진술을 한 후에 핵심 내용을 말하는 구조일 수 있음
▼	
뒷받침하는 문장: 부연 설명 / 구체적 예시❶ ▼ 뒷받침하는 문장: 부연 설명 / 구체적 예시❷	☞ 예시 연결사 / 재진술 연결사 있는지 확인 (For example / In other words 등)
▼	
(주제문에 의한 결론)	☞ 대조 연결사 (However 등) 없는지 확인 상반되는 내용 없이 같은 흐름으로 결론 맺는지 확인

(3) 기출문제 적용하기

1) 문제 풀이

[2020 고3 6월 모의평가 23번]

*** 다음 글을 읽고 첫 문장이 주제문일 경우 [ ]로 표시하고, 예시 연결사를 찾아 네모로 표시하시오.**

Problem framing amounts to defining *what* problem you are proposing to solve. This is a critical activity because the frame you choose strongly influences your understanding of the problem, thereby conditioning your approach to solving it. For an illustration, consider Thibodeau and Broditsky's series of experiments in which they asked people for ways to reduce crime in a community. They found that the respondents' suggestions changed significantly depending on whether the metaphor used to describe crime was as a virus or as a beast. People presented with a metaphor comparing crime to a virus invading their city emphasized prevention and addressing the root causes of the problem, such as eliminating poverty and improving education. On the other hand, people presented with the beast metaphor focused on remediations: increasing the size of the police force and prisons.

2) 전개방식 분석

Problem framing amounts to defining *what* problem you are proposing to solve.

☞ 핵심 소재(problem framing)에 대한 간략한 진술: '문제 구조화' = 해결하고자 하는 문제를 정의하는 것

This is a **critical** activity because the frame you choose **strongly influences your understanding of the problem**, thereby **conditioning your approach to solving it**.

☞ 주제문: '문제 구조화'는 매우 중요한 활동인데, 이는 당신이 선택한 프레임이 문제를 이해하는 데 강력한 영향을 끼쳐 문제 해결에 대한 접근 방식을 결정하기 때문이다.

For an illustration (예시 연결사), consider Thibodeau and Broditsky's series of experiments in which they asked people for ways to reduce crime in a community. They found that the respondents' suggestions changed significantly depending on whether the metaphor used to describe crime was as a virus or as a beast.

☞ 구체적 예시: '범죄를 줄이는 방법에 대한 실험'을 예를 들어 설명 (범죄를 묘사하는 은유가 '바이러스'였는지 '짐승'이었는지에 따라 응답자의 제안이 크게 달라짐)

People presented with a metaphor comparing crime to a virus invading their city emphasized prevention and addressing the root causes of the problem, such as eliminating poverty and improving education.

☞ 뒷받침하는 문장❶: '바이러스' 은유를 본 사람은 → 해결책으로 예방 및 근본적 원인을 찾는 것을 중시함

On the other hand, people presented with the beast metaphor focused on remediations: increasing the size of the police force and prisons.

☞ 뒷받침하는 문장❷: '짐승' 은유를 본 사람은 → 해결책으로 복원과 교정에 초점을 맞춤

(*주의! 여기서의 대조 연결사 On the other hand는 주제문에 반대되는 내용을 서술하는 것이 아니라, 주제문을 뒷받침하는 예시 안에서 실험자들이 상반된 반응을 보였다는 내용상의 연결사이다. 따라서 이 지문은 전체 구조로 볼 때 역접이 아니므로, 두괄식으로 분류할 수 있다.)

2 중괄식

정답과 해설 7쪽

(1) 특징

전개방식	주제문 위치	뒤이어 나오는 문장 및 내용
중괄식	문단의 중간	앞 문장을 뒷받침

(2) 문장 구성

중괄식 문장구성	중괄식 독해 활용 Tip
소재 / 배경지식 / 주제문과 상반되는 예시	☞ 두괄식과 유사하게 첫 문장이 주제문인지 또는 주제문과 상반되는 내용인지를 확인
▼	
주제문	i. 앞부분에 나온 소재나 배경지식을 바탕으로 그에 대한 핵심 내용이 나오는 경우 ii. 앞부분에 나온 내용과 상반되는 다른 내용이 등장하는 경우 (일반적으로 대조 연결사로 시작)
▼	
뒷받침하는 문장: 부연 설명 / 구체적 예시❶	☞ 예시 연결사 / 재진술 연결사 있는지 확인
▼	
뒷받침하는 문장: 부연 설명 / 구체적 예시❷	
▼	
(주제문에 의한 결론)	☞ 대조 연결사 이후 나온 내용과 같은 흐름으로 결론을 맺는지 확인

(3) 기출문제 적용하기

1) 문제 풀이

[2021학년도 수능 36번]

*** 다음 글의 전반부에서 처음으로 글의 내용적 흐름이 바뀌는 문장을 찾아 [ ]로 표시하시오.**

The objective of battle, to "throw" the enemy and to make him defenseless, may temporarily blind commanders and even strategists to the larger purpose of war. War is never an isolated act, nor is it ever only one decision. In the real world, war's larger purpose is always a political purpose. It transcends the use of force. This insight was famously captured by Clausewitz's most famous phrase, "War is a mere continuation of politics by other means." To be political, a political entity or a representative of a political entity, whatever its constitutional form, has to have an intention, a will. That intention has to be clearly expressed. And one side's will has to be transmitted to the enemy at some point during the confrontation (it does not have to be publicly communicated). A violent act and its larger political intention must also be attributed to one side at some point during the confrontation. History does not know of acts of war without eventual attribution.

2) 전개방식 분석

The objective of battle, to "throw" the enemy and to make him defenseless, may temporarily blind commanders and even strategists to the larger purpose of war. War is never an isolated act, nor is it ever only one decision.

☞ 소재(war) / 배경지식 / 주제문과 상반되는 예시: 전쟁은 독립적인 행위나 단 하나의 결정이 아님 (전쟁이 독립적인 하나의 결정이 아니라고 먼저 제시함으로써, 후술될 전쟁의 '정치적 목적성'을 부각)

In the real world, **war's larger purpose is always a political purpose**. It transcends the use of force. This insight was famously captured by Clausewitz's most famous phrase, "War is a mere continuation of **politics by other means**."

☞ 주제문: 현실 세계에서, **전쟁의 더 큰 목적은 언제나 정치적인 목적**이다.

To be political, a political entity or a representative of a political entity, whatever its constitutional form, has to have an intention, a will. That intention has to be clearly expressed.

☞ 부연 설명❶: '정치적'이 되기 위해서는, 정치적 개체가 '의도/의지'를 가져야 함

And one side's will has to be transmitted to the enemy at some point during the confrontation. A violent act and its larger political intention must also be attributed to one side at some point during the confrontation. History does not know of acts of war without eventual attribution.

☞ 부연 설명❷: 대면 상황에서, 한 쪽의 의지/의도는 적군에게 전달되어야 함

3 미괄식

정답과 해설 8쪽

(1) 특징

전개방식	주제문 위치	앞서 나오는 문장 및 내용
미괄식	문단의 끝	핵심 내용을 뒷받침하며 주제문으로 연결

(2) 문장 구성

미괄식 문장구성	미괄식 독해 활용 Tip
핵심 소재 (제시 · 질문)	☞ 핵심 소재에 대한 일반적 내용이나 그와 관련된 질문이 제시되기도 함. 주제문이 되기에는 다소 광범위하거나 지엽적인 내용이므로 가볍게 확인
▼	
뒷받침하는 문장: 세부 내용 / 구체적 예시❶ ▼ 뒷받침하는 문장: 부연 설명 / 구체적 예시❶	☞ 핵심 소재에 대한 일반적 내용이나 그와 관련된 질문이 제시되기도 함. 주제문이 되기에는 다소 광범위하거나 지엽적인 내용이므로 가볍게 확인
▼	
주제문 (종합 · 정리 · 요약)	☞ 언급된 세부 내용과 구체적 사례들을 종합 정리 (공통/유사 속성 정리를 통한 결론 도출)

(3) 기출문제 적용하기

1) 문제 풀이

[2018 고1 11월 전국연합 20번]

*** 다음 글을 읽고 세부 내용과 구체적 사례들을 종합 정리하는 한 문장에 [ ] 표시하시오.**

If you were at a social gathering in a large building and you overheard someone say that "the roof is on fire," what would be your reaction? Until you knew more information, your first inclination might be toward safety and survival. But if you were to find out that this particular person was talking about a song called "The Roof Is on Fire," your feelings of threat and danger would be diminished. So once the additional facts are understood—that the person was referring to a song and not a real fire—the context is better understood and you are in a better position to judge and react. All too often people react far too quickly and emotionally over information without establishing context. It is so important for us to identify context related to information because if we fail to do so, we may judge and react too quickly.

2) 전개방식 분석

If you were at a social gathering in a large building and you overheard someone say that "the roof is on fire," what would be your reaction?

☞ 핵심 소재 관련 질문: '지붕이 불타고 있어'라고 누가 말하는 걸 듣는다면 당신의 반응은 무엇일까?

Until you knew more information, your first inclination might be toward safety and survival.

☞ 세부 내용 ❶: 더 많은 정보를 알기 전까지는, 안전과 생존을 찾으려 할 것이다.

But if you were to find out that this particular person was talking about a song called "The Roof Is on Fire," your feelings of threat and danger would be diminished.

☞ 세부 내용 ❷: 하지만, '지붕이 불타고 있어'라는 이름의 노래에 대해 이야기하고 있다는 걸 안다면, 당신의 우려와 위험의 느낌은 줄어들 것이다.

So once the additional facts are understood—that the person was referring to a song and not a real fire—the context is better understood and you are in a better position to judge and react.

☞ 주제문을 뒷받침하는 문장: 추가적인 사실이 이해되면, 맥락이 더 잘 이해되어 판단과 반응을 더 잘 할 수 있다.

All too often people react far too quickly and emotionally over information without establishing context.

☞ 주제문에 상반되는 예시: 사람들은 맥락을 규명하지 않은 채 지나치게 성급하고 감정적으로 반응한다.

It is **so important for us to identify context related to information** because if we fail to do so, **we may judge and react too quickly**.

☞ 주제문: 우리가 **정보와 관련된 맥락을 확인하는 것은 매우 중요**한데, **그렇게 하지 않으면 우리는 너무 성급하게 판단하고 반응할 수 있기 때문**이다.

4 양괄식

정답과 해설 9쪽

(1) 특징

전개방식	주제문 위치	전후에 나오는 문장 및 내용
양괄식	문단의 앞/뒷부분	첫 주제문을 뒷받침하며 끝 주제문으로 연결

(2) 문장 구성

양괄식 문장구성	양괄식 독해 활용 Tip
주제문	☞ 지문 앞부분에 주목! 주제문인지 의심하기
▼	
뒷받침하는 문장: 부연 설명 / 구체적 예시❶ ▼ 뒷받침하는 문장: 부연 설명 / 구체적 예시❷	☞ 예시 연결사 / 재진술 연결사 있는지 확인 대조 연결사 없는지 확인
▼	
주제문을 다른 말로 바꾸어 반복	☞ 지문 마지막 부분에 주제문을 다른 말로 바꾸어 반복함으로써 핵심 내용을 강조함 ☞ 첫 문장의 내용과 유사한 흐름으로 결론을 맺는지 확인 (정리 · 요약 · 결론)

(3) 기출문제 적용하기

1) 문제 풀이

[2020 고2 6월 전국연합 24번]

*** 다음 글을 읽고 글의 전반부와 후반부에서 주제문을 각각 1개씩 찾아 [ ] 표시하고, 구체적 예시가 시작되는 문장의 주어를 찾아 네모 표시하시오.**

There is always the possibility that in the future other scientists will discover an even older model of the same invention in a different part of the world. In fact, we are forever discovering the history of ancient inventions. An example of this is the invention of pottery. For many years archaeologists believed that pottery was first invented in the Near East (around modern Iran) where they had found pots dating back to 9,000 B.C. In the 1960s, however, older pots from 10,000 B.C. were found on Honshu Island, Japan. There is always a possibility that in the future archaeologists will find even older pots somewhere else.

2) 전개방식 분석

There is always the **possibility** that in the future other scientists will discover **an even older model of the same invention** in a different part of the world.

☞ 주제문: 미래에 다른 과학자들이 세계의 다른 곳에서 **똑같은 발명품의 훨씬 더 오래된 모형을 발견할 가능성**이 항상 존재한다.

In fact, we are forever discovering the history of ancient inventions.

☞ 뒷받침하는 문장: 사실 우리는 고대 발명품들의 역사를 계속해서 발견한다.

An example of this is the invention of pottery. For many years archaeologists believed that pottery was first invented in the Near East (around modern Iran) where they had found pots dating back to 9,000 B.C. In the 1960s, however, older pots from 10,000 B.C. were found on Honshu Island, Japan.

☞ 구체적 예시: 고대 발명품의 구체적 사례로 도자기 발명을 들 수 있다. 수 년 동안 고고학자들은 기원전 9,000년 근동지역에서 도자기가 처음 발명되었다고 믿었으나, 기원전 10,000년의 더 오래된 도자기가 일본 혼슈섬에서 발견되었다.

There is always a **possibility** that in the future archaeologists will find **even older pots** somewhere else.

☞ 주제문: 미래에는 고고학자들이 **훨씬 더 오래된 도자기(≒ 발명품)를 발견할 가능성**이 언제나 존재한다.

영어오답의 모든 것!

I 글의 전개 방식

2 중심내용 서술방식에 따른 글의 전개

2~3일차 학습하기

The fastest way to change yourself is
to hang out with people
who are already the way you want to be.

– Reid Hoffman

자신을 가장 빨리 변화시키는 방법은
당신이 되고 싶은 모습을
이미 갖고 있는 사람들과
어울리는 것이다.

– 리드 호프만

2일차

2 주제문의 위치에 따른 글의 전개

1 대조

정답과 해설 10쪽

(1) 특징

서술방식	위치	주제문과의 관계
대조	대조 연결사를 중심으로 대조되는 내용이 전후에 등장	주제문 = 대상/현상❶, ❷의 차이점 및 특징 또는 그로 인한 유의미한 결과

(2) 문장 구성

대상/현상 ❶ 제시(❶은 ~한다)

▼

대상/현상 ❶에 대한 부연 설명

▼

대조 연결사

However, Nevertheless, On the other hand, In contrast, Conversely...

▼

대상/현상 ❷ 제시(❷는 ~한다)

▼

대상/현상 ❷에 대한 부연 설명

⋮

(대상 ❶, ❷의 차이점 · 특징 · 그로 인한 결과)

(3) 기출 연습 문제

1) 문제 풀이

[2020 고3 10월 전국연합 30번]

*** 다음 글을 읽고 대조 연결사를 찾아 네모로 표시하시오. 그리고 대조 연결사의 전후에 등장하는, 차이점을 가진 두 개의 대상을 각각 ❶, ❷로 표시하시오.**

In collectivist groups, there is considerable emphasis on relationships, the maintenance of harmony, and "sticking with" the group. Members of collectivist groups are socialized to avoid conflict, to empathize with others, and to avoid drawing attention to themselves. In contrast, members of individualist cultures tend to define themselves in terms of their independence from groups and autonomy and are socialized to value individual freedoms and individual expressions. In individualist cultures, standing out and being different is often seen as a sign of courage.

* deviance: 일탈, 표준에서 벗어남

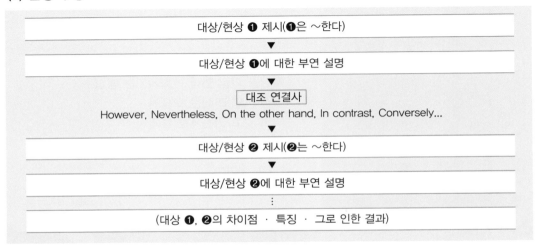

2) 전개방식 분석

In **collectivist groups**(❶), there is considerable emphasis on **relationships**, **the maintenance of harmony**, and **"sticking with" the group**.

☞ 대상 ❶: **집단주의 집단**에서는, **관계**, **화합의 유지**, 그리고 **'그 집단 안에 머무는 것'**을 상당히 강조한다.

Members of collectivist groups(❶) are socialized to avoid conflict, to empathize with others, and to avoid drawing attention to themselves.

☞ 대상 ❶ 부연 설명: 갈등을 피하고, 공감하며, 관심 끄는 것을 피함

In contrast (대조 연결사), **members of individualist cultures**(❷) tend to define themselves in terms of their **independence from groups and autonomy** and are socialized to value **individual freedoms and individual expressions**.

☞ **그에 반해서**, 대상 ❷: **개인주의 문화의 구성원**은 **집단으로부터의 독립과 자율**의 관점에서 자신들을 규정짓는 경향이 있으며 **개인의 자유와 개인의 표현**을 중시하도록 사회화되어 있다.

In individualist cultures, standing out and being different is often seen as a sign of courage.

☞ 대상 ❷ 부연 설명: 튀거나 남다른 것이 용기로 여겨짐

2 설명

정답과 해설 11쪽

(1) 특징

서술방식	위치	주제문과의 관계
설명	주제문의 뒤	설명하고자 하는 대상(인물 · 사물 · 사건 · 현상)에 대한 구체적인 정보를 설명

(2) 문장 구성 및 독해 활용 Tip

주제와 관련된 일반적 진술

▼

주제문(설명하고자 하는 대상 제시)

▼

대상에 대한 설명 · 진술 ❶

▼

대상에 대한 설명 · 진술 ❷

▼

…

(3) 기출 연습 문제

1) 문제 풀이

[2020 고1 3월 전국연합 29번]

*** 다음 글을 읽고 핵심 소재가 등장하는 주제문을 찾아 [ ] 표시하고, 주제문에 대해 설명하고 진술하는 문장 두 개를 찾아 문장 앞에 각각 ❶, ❷로 표시하시오.**

"You are what you eat." That phrase is often used to show the relationship between the foods you eat and your physical health. But do you really know what you are eating when you buy processed foods, canned foods, and packaged goods? Many of the manufactured products made today contain so many chemicals and artificial ingredients that it is sometimes difficult to know exactly what is inside them. Fortunately, now there are food labels, which are a good way to find the information about the foods you eat. Labels on food are like the table of contents found in books. The main purpose of food labels is to inform you what is inside the food you are purchasing.

*manufactured: (공장에서) 제조된 **table of contents: (책 등의) 목차

2) 전개방식 분석

"You are what you eat." That phrase is often used to show the relationship between the foods you eat and your physical health.

☞ 주제와 관련된 일반적 진술 ❶: "먹는 것이 여러분을 만든다"는 구절은 음식과 신체 건강의 관계를 보여줌

☞ '먹는 것이 신체 건강을 유지하는 데 있어 중요하다'는 내용

But do you really know what you are eating when you buy processed foods, canned foods, and packaged goods? Many of the manufactured products made today contain so many chemicals and artificial ingredients that it is sometimes difficult to know exactly what is inside them.

☞ 주제와 관련된 일반적 진술 ❷: 하지만 때로는 우리가 먹는 것 안에 무엇이 들어있는지 알기가 어려움

☞ 앞서 제시된 '먹는 것의 중요성'에 대한 장애물/문제점으로서 '먹는 것 안에 무엇이 있는지 알 수 없다'는 내용이 제시됨. 이후 이에 대한 해결책으로서 주제문이 나올 것이라고 예측 가능

Fortunately, now there are **food labels**, which are **a good way to find the information about the foods you eat**.

☞ 주제문: **식품 라벨**은 **우리가 먹는 식품에 관한 정보를 알아내는 좋은 방법**이다.
(핵심 소재: 식품 라벨)

Labels on food are like the table of contents found in books.

☞ 대상에 대한 설명 ❶: 식품 라벨은 책에서 볼 수 있는 목차와 같음

The main purpose of food labels is to inform you what is inside the food you are purchasing.

☞ 대상에 대한 설명 ❷: 식품 라벨의 주된 목적은 우리가 구입한 식품에 무엇이 들어있는지 알려주는 것

3 인과

(1) 특징

서술방식	위치	주제문과의 관계
인과	글 전체에 걸쳐 인과관계에 있는 내용이 전후에 등장	주제문에 대한 원인과 결과

(2) 문장 구성

i. 결과 → 원인

주제문(사건 · 현상으로 인한 결과)

▼

인과 연결사

Because, As, Since, Thanks to, For this reason...

▼

주제문에서 언급된 결과의 원인

▼

뒷받침하는 문장: 구체적 예시 / 결과를 나타내는 수치

ii. 원인 → 결과

주제문(사건 · 현상을 일으킨 원인)

▼

인과 연결사

Therefore, Thus, Hence, As a result, Consequently, In the end...

▼

주제문에서 언급된 원인으로 인한 결과

▼

뒷받침하는 문장: 구체적 예시 / 결과를 나타내는 수치

(3) 기출 연습 문제

1) 문제 풀이

[2019 고3 3월 전국연합 31번]

* 다음 글을 읽고 글의 전반부에서 원인과 결과를 나타내는 부분에 밑줄을 치고 각각의 밑에 '원'과 '결'로 표시하시오. 구체적 예시 문장을 이끄는 예시 연결사를 찾아 네모로 표시하시오.

In the 20th century, average life expectancy in the United States rose by nearly 30 years. The vast majority of that increase is credited to advances in public health, rather than advances in medical care, and legal interventions played a critical role in these advances. For example, requirements that children be vaccinated before they attend school played a central role in reducing occurrence of vaccinepreventable diseases. Smallpox and polio, which were once feared and deadly diseases, were eliminated from the Western Hemisphere (with smallpox eliminated worldwide), while the number of new measles cases dropped from more than 300,000 in 1950 to fewer than 100 in 2000.

2) 전개방식 분석

In the 20th century, **average life expectancy** in the United States **rose by nearly 30 years**.

☞ 주제문(결과): 20세기 미국에서 **평균 수명**은 **거의 30년이 늘어났다.**

The vast majority of that increase is credited to advances in public health, rather than advances in medical care, and legal interventions played a critical role in these advances.

☞ 주제문에서 언급된 결과의 원인: 20세기 미국의 평균수명 증가 원인 = 공중 보건의 발전과 법적인 개입

(* 주의! 인과 연결사가 나오지 않는다 해도 문장의 전후관계에 따라 인과의 구조가 성립될 수 있다. 이 문장에서도 인과 연결사가 나오지는 않았으나, '~is credited to' 부분을 '~is because of'와 같이 이유를 나타내는 인과 연결사로 해석 가능하다.)

For example, requirements that children be vaccinated before they attend school played a entral role in reducing occurrence of vaccinepreventable diseases.

☞ 구체적 예시: 미취학 아동의 법적인 예방접종(≒ 법적인 개입) → 질병 발병 감소(≒ 수명 증가)

Smallpox and polio, which were once feared and deadly diseases, were eliminated from the Western Hemisphere (with smallpox eliminated worldwide), while the number of new measles cases dropped from more than 300,000 in 1950 to fewer than 100 in 2000.

☞ 결과를 나타내는 수치: 새로 홍역에 걸린 환자 수는 1950년 30만 명 이상에서 2000년 100명 이하로 감소

4 비교

정답과 해설 13쪽

(1) 특징

서술방식	위치	주제문과의 관계
비교	비교 연결사를 중심으로 유사한 내용이 전후에 등장	주제문 = 대상/현상 ❶, ❷의 공통점 및 특징 또는 그로 인한 유의미한 결과

(2) 문장 구성

대상/현상 ❶ 제시 (❶은 ~한다)

▼

대상/현상 ❶에 대한 부연 설명

▼

비교 연결사

Similary, Likewise, In the same way, In comparison to...

▼

대상/현상 ❷ 제시 (❷도 ~한다)

▼

대상/현상 ❷에 대한 부연 설명

⋮

(대상/현상 ❶, ❷의 공통 · 특징 · 그로 인한 결과)

(3) 기출 연습 문제

1) 문제 풀이

[2019 고3 4월 전국연합 35번]

*** 다음 글을 읽고 비교 연결사를 찾아 네모로 표시하시오. 그리고 비교 연결사의 전후에 등장하는, 공통점을 가진 두 개의 현상을 각각 ❶, ❷로 표시하시오.**

We say that "honesty" and "open communication" are the foundational values of any strong relationship. But think of how many times you've lied to a potential romantic partner in order to make the person feel better about himself or herself. Likewise, every parent knows that lying to their kids about everything from the arrival of Santa Claus to the horrible things that will happen if they don't eat their peas is a key component of raising a child. As one author put it, "If you want to have love in your life, you'd better be prepared to tell some lies and to believe some lies."

2) 전개방식 분석

We say that "honesty" and "open communication" are the foundational values of any strong relationship.

☞ 주제에 대한 일반적 진술: 우리는 '정직'과 '열린 의사소통'이 관계의 가장 기본적인 가치라고 생각함

But think of how many times you've **lied to a potential romantic partner** ❶ in order to make the person feel better about himself or herself.

☞ 현상❶: **잠재적 연인에게**, 그 사람이 자신에 대해 더 나은 기분을 느끼게 하기 위해 **거짓말을 함**

Likewise (비교 연결사), every parent knows that **lying to their kids** ❷ about everything from the arrival of Santa Claus to the horrible things that will happen if they don't eat their peas is a key component of raising a child.

☞ **마찬가지로**, 현상❷: 부모들은 **아이들에게**, 산타클로스부터 콩을 안 먹으면 벌어질 일 등에 대해 **거짓말을 하는** 것이 양육에 있어 중요한 요소라는 것을 알고 있음

As one author put it, "If you want to have love in your life, you'd better be prepared to tell some lies and to believe some lies."

☞ 현상❶, ❷의 공통점과 그로 인한 결과: 삶에서 사랑을 원한다면, 어느 정도 거짓말을 하고, 거짓말을 믿을 준비를 해야 한다.

5 부연

정답과 해설 14쪽

(1) 특징

서술방식	위치	주제문과의 관계
부연	주제문의 뒤	주제를 다른 표현으로 바꾸어 재진술

(2) 문장 구성

핵심 소재 등장

▼

핵심 소재에 대한 설명 ❶ (~는 A한다)

▼

핵심 소재에 대한 설명 ❷ (~는 B한다)

▼

재진술 연결사

In other words, That is, Namely, To put it another way...

▼

주제문: 핵심 소재에 대한 설명을 다른 말로 바꾸어 재진술 (~는 A, B…하다)

(3) 기출 연습 문제

1) 문제 풀이

[2019 고1 3월 전국연합 23번]

*** 다음 글을 읽고 글 전체에 걸쳐 반복적으로 등장하는 핵심 소재에 해당하는 어휘에 [　] 표시하고, 재진술 연결사를 찾아 네모 로 표시하시오.**

Quality questions are one way that teachers can check students' understanding of the text. Questions can also promote students' search for evidence and their need to return to the text to deepen their understanding. Teachers take an active role in developing and deepening students' comprehension by asking questions that cause them to read the text again, resulting in multiple readings of the same text. In other words, these text-based questions provide students with a purpose for rereading, which is critical for understanding complex texts.

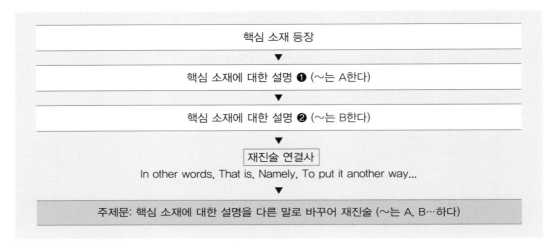

2) 전개방식 분석

Quality questions are one way that teachers can check students' understanding of the text.
A

☞ 핵심 소재에 대한 설명 ❶: 양질의 질문 → 학생의 이해도 확인

Questions can also promote students' search for evidence and their need to return to the text to deepen their understanding.
B B

☞ 핵심 소재에 대한 설명 ❷: 질문 → 증거를 탐색하고 텍스트로 되돌아갈 필요 촉진 → 학생의 이해도 심화

Teachers take an active role in developing and deepening students' comprehension by asking questions that cause them to read the text again, resulting in multiple readings of the same text.

☞ 교사들은 이러한 '질문'의 특성을 활용해 학생들이 책을 여러 번 읽도록 함

In other words, **these text-based questions** provide students with a **purpose for rereading**, which is critical for **understanding complex texts**.
재진술 연결사 B A

☞ 주제문: **다시 말해서, 텍스트에 근거한 질문**은 학생에게 **다시 읽어야 하는 목적**을 제공해 주고, 이것은 **어려운 텍스트를 이해**하는 데 있어 중요하다.

6 열거

정답과 해설 15쪽

(1) 특징

서술방식	위치	주제문과의 관계
열거	주제문의 뒤	주제문에 대한 구체적 사례 나열

(2) 문장 구성

주제문(열거내용이 복수임을 암시)

▼

주제문에 포함되는 구체적 사례 ❶

▼

주제문에 포함되는 구체적 사례 ❷

▼

사례 ❶과 사례 ❷는 주제문의 핵심내용과 부합 & 구체적으로 설명!

(3) 기출 연습 문제

1) 문제 풀이

[2018 고2 3월 전국연합 38번]

*** 다음 글을 읽고 주제문을 찾아 [　　]로 표시하시오. 그리고 주제문을 뒷받침하는 구체적인 사례에 밑줄을 치고 각각 ❶, ❷로 표시하시오.**

Two major kinds of age-related structural changes occur in the eye. One is a decrease in the amount of light that passes through the eye, resulting in the need for more light to do tasks such as reading. As you might suspect, this change is one reason why older adults do not see as well in the dark, which may account in part for their reluctance to go places at night. In addition, our ability to adjust to changes in illumination, called adaptation, declines. Going from outside into a darkened movie theater involves dark adaptation; going back outside involves light adaptation. Research indicates that the time it takes for both types of adaptation increases with age.

* illumination: 조도, 조명

2) 전개방식 분석

Two major kinds of **age-related structural changes occur in the eye**.

☞ 주제문: 주요한 **두 가지의 나이와 관련된 구조적 변화가 눈에서 일어난다**.

One is a decrease in the amount of light that passes through the eye, resulting in the need for more light to do tasks such as reading.

☞ 구체적 사례 ❶: 나이에 따른 눈의 변화 첫 번째 = 눈을 통과하는 빛의 양이 감소함

As you might suspect, this change is one reason why older adults do not see as well in the dark, which may account in part for their reluctance to go places at night.

☞ 구체적 사례 ❶에 대한 설명: 이는 노인들이 밤에 돌아다니기를 꺼리는 현상의 이유가 됨

In addition, our ability to adjust to changes in illumination, called adaptation, declines.

☞ 구체적 사례 ❷: 나이에 따른 눈의 변화 두 번째 = 조도의 변화에 적응하는 능력(=순응)이 쇠퇴함

Going from outside into a darkened movie theater involves dark adaptation; going back outside involves light adaptation. Research indicates that the time it takes for both types of adaptation increases with age.

☞ 구체적 사례 ❷에 대한 설명: 암(暗)순응과 명(明)순응에 걸리는 시간은 나이가 들면서 증가함

7 서사

정답과 해설 16쪽

(1) 특징

서술방식	위치	주제문과의 관계
서사	글 전체에 걸쳐 순차적 등장	주제문이 따로 없고 시간 순서에 따라 사건 배열

(2) 문장 구성

사건 ❶

▼

사건 ❷

▼

사건 ❸

▼

⋮

종결 / 마무리

(3) 기출 연습 문제

1) 문제 풀이

[2019 고2 3월 전국연합 25번]

*** 다음 글을 읽고, 아래 우리말 문장의 번호를 사건 순서에 맞게 빈칸에 배열하시오.**

Alexander Young Jackson was born to a poor family in Montreal in 1882. His father abandoned them when he was young, and A. Y. had to go to work at age twelve to help support his brothers and sisters. Working in a print shop, he became interested in art, and he began to paint landscapes in a fresh new style. He kept painting, traveling, and exhibiting, and by the time he died in 1974 at the age of eighty-two, A. Y. Jackson was acknowledged as a painting genius and a pioneer of modern landscape art.

① Alexander는 아버지로부터 버림을 받고, 형제자매를 부양하기 위해 일찍 일을 시작함

② Alexander는 계속 그림을 그리고 전시회를 열었으며, 죽을 때 천재적인 풍경화가로 인정받음

③ Alexander는 인쇄소에서 일을 하며 미술에 관심이 생겨 풍경화를 그리기 시작함

④ Alexander는 1882년에 Montreal의 어느 한 가난한 집안에서 출생함

[   ] – [   ] – [   ] – [   ]

2) 전개방식 분석

Alexander Young Jackson was born to a poor family in Montreal in 1882.

☞ 사건 ❶: Alexander의 출생

His father abandoned them when he was young, and A. Y. had to go to work at age twelve to help support his brothers and sisters.

☞ 사건 ❷: 아버지로부터 버림을 받고, 형제자매 부양을 위해 일찍 일을 시작

Working in a print shop, he became interested in art, and he began to paint landscapes in a fresh new style.

☞ 사건 ❸: 인쇄소에서 일을 하며 풍경화를 그리기 시작

He kept painting, traveling, and exhibiting, and by the time he died in 1974 at the age of eighty-two, A. Y. Jackson was acknowledged as a painting genius and a pioneer of modern landscape art.

☞ 사건 ❹/마무리: 계속해서 그림을 그리고, 사망할 무렵에 천재 화가이자 현대 풍경화의 개척자로 인정받음

8 묘사

정답과 해설 17쪽

(1) 특징

서술방식	위치	주제문과의 관계
묘사	글에서 필요할 경우 부분적 혹은 전반적으로 등장	주제문과 관련된 내용을 실감나게(생생하게) 서술

(2) 문장 구성

시간 · 공간 배경 설정

▼

묘사 ❶ (시각, 후각, 청각, 촉각, 미각)

▼

묘사 ❷ (시각, 후각, 청각, 촉각, 미각)

▼

…

종결 / 마무리

(3) 기출 연습 문제

1) 문제 풀이

[2018 고1 6월 전국연합 19번]

*** 다음 글을 읽고 시간 · 공간 배경이 나오는 문장에 [ ] 표시하고, 시각, 청각, 후각, 촉각, 미각을 활용한 묘사가 들어간 부분에 밑줄 치시오.**

One night, I opened the door that led to the second floor, noting that the hallway light was off. I thought nothing of it because I knew there was a light switch next to the stairs that I could turn on. What happened next was something that chilled my blood. When I put my foot down on the first step, I felt a movement under the stairs. My eyes were drawn to the darkness beneath them. Once I realized something strange was happening, my heart started beating fast. Suddenly, I saw a hand reach out from between the steps and grab my ankle. I let out a terrifying scream that could be heard all the way down the block, but nobody answered!

2) 전개방식 분석

One night, I opened the door that led to the second floor, noting that the hallway light was off.

☞ 시간 · 공간 배경 설정: 어느 날 밤, 2층으로 이르는 문 복도

☞ 묘사 ❶: 전등이 꺼진 어두운 복도 (시각)

What happened next was something that chilled my blood. When I put my foot down on the first step, I felt a movement under the stairs.

☞ 묘사 ❷: 간담이 서늘해짐, 계단 밑에서 어떤 움직임을 느낌 (촉각)

My eyes were drawn to the darkness beneath them. Once I realized something strange was happening, my heart started beating fast. Suddenly, I saw a hand reach out from between the steps and grab my ankle.

☞ 묘사 ❸: 계단 밑의 어두움을 응시함, 어떤 손이 자신의 발목을 잡는 것을 봄 (시각, 촉각)

I let out a terrifying scream that could be heard all the way down the block, but nobody answered!

☞ 묘사 ❹: 아주 큰 비명을 질렀으나 아무도 대답하지 않음 (청각)

Ⅱ 독해 유형 연습

1 글의 중심내용 관련 독해 유형

4~8일차 학습하기

If you cannot fly then run.
If you cannot run, then walk.
And, if you cannot walk, then crawl,
but whatever you do,
you have to keep moving forward.

Martin Luther King Jr. -

날지 못하면 달려라.
달리지 못하면 걸어라.
그리고 걷지 못하면 기어라,
당신이 무엇을 하든
앞으로 가야 한다는 것만 명심하라.

– 마틴 루터 킹 주니어

Study Plan

Part Ⅱ 독해 유형 연습

1. 글의 중심내용 관련 독해 유형

		학습 1회차	학습 2회차	학습 3회차
4일차	1 글의 요지			
5일차	2 필자의 주장			
6일차	3 글의 주제			
7일차	4 글의 제목			
8일차	5 요약문			

2. 글의 세부내용 관련 독해 유형

		학습 1회차	학습 2회차	학습 3회차
9일차	1 내용일치/불일치			
10일차	2 실용문			
11일차	3 도표			
12일차	4 지칭추론			

Note

Part Ⅱ 독해 유형 연습

Part Ⅰ을 통해 글의 전개방식에 대해 잘 이해했나요? 주제문의 위치에 따라서는 두괄, 미괄, 중괄, 양괄의 전개방식으로 글을 나눌 수 있고, 중심내용의 서술방식으로는 대조, 설명, 인과, 비교, 부연, 열거, 서사, 묘사 등이 있었지요. 이 내용들을 숙지하는 것만으로 글의 큰 흐름을 읽어내며 주제문을 빠르게 파악하는 데 한 발 가까워졌을 것이라고 생각됩니다.

하지만, 이 책의 핵심은 여기부터입니다. Part Ⅱ에서는 수능에 출제되는 가장 기본적이면서도 핵심이 되는 독해 유형을 크게 '글의 중심내용 관련 독해 유형' 5가지와, '글의 세부내용 관련 독해 유형' 4가지로 나누어 소개합니다.

※ 수능 기출 세부유형과 발문

	세부유형	발문
글의 중심내용 관련 독해 유형	1.『글의 요지』	다음 글의 요지로 가장 적절한 것은?
	2.『필자의 주장	다음 글에서 필자가 주장하는 바로 가장 적절한 것은?
	3.『글의 주제』	다음 글의 주제로 가장 적절한 것은?
	4.『글의 제목』	다음 글의 제목으로 가장 적절한 것은?
	5.『요약문』	다음 글의 내용을 한 문장으로 요약하고자 한다. 빈칸 (A), (B)에 들어갈 말로 가장 적절한 것은?
글의 세부내용 관련 독해 유형	1.『내용일치/불일치』	~에 관한 다음 글의 내용과 일치하는/일치하지 않는 것은?
	2.『실용문』	~에 관한 다음 안내문의 내용과 일치하는/일치하지 않는 것은?
	3.『도표』	다음 도표의 내용과 일치하지 않는 것은?
	4.『지칭추론』	밑줄 친 (a)~(e) 중에서 가리키는 대상이 나머지 넷과 다른 것은?

※ 유형별 독해 핵심 포인트

글의 중심내용 관련 독해 유형	**Q) 중심 · 핵심 · 주요한 내용에 대한 질문** ▶ 주제문을 파악하는 것이 가장 중요
글의 세부내용 관련 독해 유형	**Q) 세부 정보의 일치/불일치 여부에 대한 질문** ▶ 문장마다 정확하고 꼼꼼히 독해하는 것이 가장 중요

독해 문제 풀이에서 오답을 피하고 정답을 찾는 것의 핵심은, 각각의 유형에서 문제를 접근하는 방식이나, 주의할 점, 정답을 나타내는 Signal등을 파악하고 실전에 적용하는 것입니다. 이제부터 유형마다 어떤 비법이 있는지를 살펴보며, 비법을 실전 문제에 적용하는 훈련을 통해 독해력을 쑥쑥 길러봅시다!

학습 Tip

유형 풀이 비법 학습 단계	학습 효과
(1) 비법 연습 문제	간단한 warm-up
(2) 기출 연습 문제	실제 기출에서의 비법 적용 노하우 확인
(3) 실전 연습 문제	학습한 비법 활용하여 스스로 실전 문제 풀이
(4) 고난도 연습 문제	비법을 심화 문제에 적용하고 독해 실력 향상

4일차

1 글의 중심내용 관련 독해 유형

1 글의 요지

유형 풀이 비법 글의 '전반부'와 '후반부'를 집중적으로 읽어 주제문을 효과적으로 파악하자!

글의 요지 유형 풀이 비법 3가지

전반부	☞ 비법1) 글의 **전반부** 집중해서 읽기 첫 1~2문장을 읽고 글의 핵심 소재(무엇에 관한 글인지/topic)를 파악한다.
중반부	☞ 비법2) 글의 중반부에 등장하는 내용 꼼꼼히 확인하며 읽기 i. 주제문을 뒷받침하는 **예시/설명**을 통해 주제문을 더욱 명확히 이해한다. (*예시 연결사: For example, For instance...) ii. 글의 전반부와 **상반되는 내용**이 등장하는 경우도 있으므로 이에 유의한다. (*대조 연결사: However, On the other hand...)
후반부	☞ 비법3) 글의 **후반부** 집중해서 읽기 대부분의 요지/주장 찾기 문제는 글 전체의 내용을 집약하는 주제문이 글의 후반부에 다시 등장하므로, 마지막 2~3문장을 꼼꼼히 읽는다. (*주제문 앞에 등장하는 연결사: Therefore, Thus, Hence, So...)

4일차 학습 날짜 : ____년 __월 __일

학습 시간 : __:__ ~ __:__

(1) 비법 연습 문제

정답과 해설 20쪽

*** 다음 글을 읽고 글의 요지로 가장 적절한 선택지를 고르시오.**

1) It's time to let go of your perfectionism. It becomes a stumbling block that keeps you stuck.

① 주변을 정리하는 습관이 중요하다.
② 잦은 실수는 나중에 큰 실수로 이어진다.
③ 완벽주의는 일을 추진하는 데 방해가 된다.

2) People link the value of a service with the amount of money that is exchanged for it. Free advice, free upgrade, and free entry — none are valued.

① 많은 수요는 높은 가격으로 이어진다.
② 사람들은 무료인 것들을 가치 없다고 생각한다.
③ 비싼 콘서트가 언제나 우리를 만족시키지는 않는다.

3) Most people don't realize that both help and harm come from within ourselves. Wise people, on the other hand, realize that we are the source of everything good or bad for us.

① 말보다 행동이 중요하다.
② 칭찬은 성공의 원동력이다.
③ 현명한 사람은 자기 자신을 먼저 되돌아본다.

(2) 기출 연습 문제

정답과 해설 21쪽

1) 문제 풀이

[2019 고1 3월 전국연합 22번]

*** 다음 글의 요지로 가장 적절한 것은?**

According to professor Jacqueline Olds, there is one sure way for lonely patients to make a friend — to join a group that has a shared purpose. This may be difficult for people who are lonely, but research shows that it can help. Studies reveal that people who are engaged in service to others, such as volunteering, tend to be happier. Volunteers report a sense of satisfaction at enriching their social network in the service of others. Volunteering helps to reduce loneliness in two ways. First, someone who is lonely might benefit from helping others. Also, they might benefit from being involved in a voluntary program where they receive support and help to build their own social network.

① 외로움을 극복하는 데는 봉사 활동이 유익하다.

② 한 가지 봉사 활동을 지속적으로 하는 것이 좋다.

③ 봉사 활동은 진로를 탐색할 수 있는 기회를 제공한다.

④ 행복한 삶을 위해서는 혼자만의 시간이 필요하다.

⑤ 먼저 자신을 이해해야 남을 위해 봉사할 수 있다.

2) 비법 적용

According to professor Jacqueline Olds, there is one sure way for lonely patients to make a friend — to join a group that has a shared purpose. 〈글의 전개방식: 양괄〉

☞ 비법1) 글의 전반부 → 핵심 소재 파악: 외로운 사람들이 친구를 만드는 방법 = **공동의 목적을 가진 집단에 가입**

This may be difficult for people who are lonely, but research shows that it can help. Studies reveal that people who are engaged in service to others, such as volunteering, tend to be happier. Volunteers report a sense of satisfaction at enriching their social network in the service of others.

☞ 비법2) 구체적 예시: 연구결과에 따르면 봉사자들은 사회적 관계망을 풍부히 하는 데서 만족을 느낌

〈 글의 전개방식: 양괄 〉

Volunteering helps to **reduce loneliness** in two ways. First, someone who is lonely might benefit from helping others. Also, they might benefit from being involved in a voluntary program where they receive support and **help to build their own social network**.

☞ 비법3) 글의 후반부 → 핵심 내용을 집약하는 주제문 다시 등장: **봉사** = 공동의 목적을 가진 집단에 가입하는 것은, **사회적 관계망을 형성**해 **외로움을 줄여줌**

※ 글의 요지 1)2)3) 종합: **봉사 활동을 통해 사회적 관계망을 형성해 외로움을 줄일 수 있다.**

3) 오답의 모든 것

① 외로움을 극복하는 데는 봉사 활동이 유익하다.
▶**'봉사 활동을 통해 사회적 관계망을 형성해 외로움을 줄일 수 있다'**와 가장 유사!

② 한 가지 봉사 활동을 지속적으로 하는 것이 좋다.
▶본문의 'one sure way(한 가지 확실한 방법)'이라는 표현을 활용한 오답 보기

③ 봉사 활동은 진로를 탐색할 수 있는 기회를 제공한다.
▶봉사 활동의 일반적인 특징을 활용한 오답 보기

④ 행복한 삶을 위해서는 혼자만의 시간이 필요하다.
▶봉사 활동에 참여하는 사람이 행복한 경향이 있다는 연구 결과에 완전히 상반되는 오답 보기

⑤ 먼저 자신을 이해해야 남을 위해 봉사할 수 있다.
▶봉사 활동의 일반적인 특징을 활용한 오답 보기

(3) 실전 연습 문제

정답과 해설 22쪽

* 다음 글의 요지로 가장 적절한 것을 고르시오.

1.

[2018 고1 3월 전국연합 23번]

Experts advise people to "take the stairs instead of the elevator" or "walk or bike to work." These are good strategies:climbing stairs provides a good workout, and people who walk or ride a bicycle for transportation most often meet their needs for physical activity. Many people, however, face barriers in their environment that prevent such choices. Few people would choose to walk or bike on roadways that lack safe sidewalks or marked bicycle lanes, where vehicles speed by, or where the air is polluted. Few would choose to walk up stairs in inconvenient and unsafe stairwells in modern buildings. In contrast, people living in neighborhoods with safe biking and walking lanes, public parks, and freely available exercise facilities use them often—their surroundings encourage physical activity.

*stairwell: 계단을 포함한 건물의 수직 공간

① 자연환경을 훼손시키면서까지 운동 시설을 만들어서는 안 된다.
② 일상에서의 운동 가능 여부는 주변 여건의 영향을 받는다.
③ 운동을 위한 시간과 공간을 따로 정해 놓을 필요가 있다.
④ 자신의 건강 상태를 고려하여 운동량을 계획해야 한다.
⑤ 짧더라도 규칙적으로 운동하는 것이 건강에 좋다.

어휘 Box (모르는 어휘와 표현을 아래에 정리하고 해설을 통해 복습하세요.)

비법 적용 Box (앞에서 배운 비법을 스스로 문장에 적용하고 해설과 비교해 보세요.)

2.

[2018 고2 3월 전국연합 21번]

Playing any game that involves more than one person teaches kids teamwork, the consequences of cheating, and how to be a good team player whether they win or lose. It's not hard to see how those skills make it into the daily lives of kids. But like all things we hope to teach our children, learning to cooperate or to compete fairly takes practice. Humans aren't naturally good at losing, so there will be tears, yelling, and cheating, but that's okay. The point is, playing games together helps kids with their socialization. It allows them a safe place to practice getting along, following rules, and learning how to be graceful in defeat.

① 경쟁과 협동은 똑같은 내적 동기에서 유발된다.
② 운동 후에는 충분한 휴식을 취하는 것이 중요하다.
③ 아이들이 편히 놀 수 있는 안전한 장소가 필요하다.
④ 스포츠에서 심리적 요인이 점점 더 중요해지고 있다.
⑤ 둘 이상이 하는 경기는 아이의 사회화에 도움을 준다.

✏ **어휘 Box** (모르는 어휘와 표현을 아래에 정리하고 해설을 통해 복습하세요.)

✏ **비법 적용 Box** (앞에서 배운 비법을 스스로 문장에 적용하고 해설과 비교해 보세요.)

3.

[2019 고2 3월 전국연합 21번]

Think of a buffet table at a party, or perhaps at a hotel you've visited. You see platter after platter of different foods. You don't eat many of these foods at home, and you want to try them all. But trying them all might mean eating more than your usual meal size. The availability of different types of food is one factor in gaining weight. Scientists have seen this behavior in studies with rats: Rats that normally maintain a steady body weight when eating one type of food eat huge amounts and become obese when they are presented with a variety of highcalorie foods, such as chocolate bars, crackers, and potato chips. The same is true of humans. We eat much more when a variety of goodtasting foods are available than when only one or two types of food are available.

① 편식을 피하고 다양한 음식을 섭취할 필요가 있다.

② 음식 섭취와 관련된 실험 결과가 왜곡되는 경우가 있다.

③ 먹을 수 있는 음식의 종류가 많을 때 과식을 하게 된다.

④ 열량이 높은 음식보다 영양가가 많은 음식을 먹어야 한다.

⑤ 다이어트는 운동과 병행할 때 더 좋은 결과를 가져올 수 있다.

어휘 Box (모르는 어휘와 표현을 아래에 정리하고 해설을 통해 복습하세요.)

비법 적용 Box (앞에서 배운 비법을 스스로 문장에 적용하고 해설과 비교해 보세요.)

(4) 고난도 연습 문제

정답과 해설 28쪽

[2021학년도 수능 22번]

Prior to file-sharing services, music albums landed exclusively in the hands of music critics before their release. These critics would listen to them well before the general public could and preview them for the rest of the world in their reviews. Once the internet made music easily accessible and allowed even advanced releases to spread through online social networks, availability of new music became democratized, which meant critics no longer had unique access. That is, critics and laypeople alike could obtain new music simultaneously. Social media services also enabled people to publicize their views on new songs, list their new favorite bands in their social media bios, and argue over new music endlessly on message boards. The result was that critics now could access the opinions of the masses on a particular album before writing their reviews. Thus, instead of music reviews guiding popular opinion toward art (as they did in preinternet times), music reviews began to reflect — consciously or subconsciously — public opinion.

*laypeople: 비전문가

① 미디어 환경의 변화로 음악 비평이 대중의 영향을 받게 되었다.
② 인터넷의 발달로 다양한 장르의 음악을 접하는 것이 가능해졌다.
③ 비평가의 음악 비평은 자신의 주관적인 경험을 기반으로 한다.
④ 오늘날 새로운 음악은 대중의 기호를 확인한 후에 공개된다.
⑤ 온라인 환경의 대두로 음악 비평의 길이 전반적으로 상승하였다.

어휘 Box (모르는 어휘와 표현을 아래에 정리하고 해설을 통해 복습하세요.)

비법 적용 Box (앞에서 배운 비법을 스스로 문장에 적용하고 해설과 비교해 보세요.)

2 필자의 주장

유형 풀이 비법 장에서 필자의 주장을 나타내는 표현이 곧 정답!

필자의 주장 유형 풀이 비법

☞ 비법) **필자의 주장 영어표현**을 찾는다!

아래 표현들은 주장하는 글을 **'독자'**의 관점으로 단순히 읽는 것에서 벗어나, **'필자'**의 입장에서 바라볼 수 있게 도와주는 시그널이다. 글에서 이런 표현들이 나올 때는 더욱 꼼꼼하게 읽어 필자의 주장을 정확히 파악하도록 한다.

필자의 주장 우리말 표현		
i	**나는 + (~라고)**	생각한다
		믿는다
		주장한다
		제안한다
		확신한다
ii	**그것은 + (~하는 것이))**	중요하다
		필수적이다
		효과적이다
		명확하다
		그럴듯하다
iii	**조동사 사용**	~할 필요가 있다 / ~해야 한다
iv	**명령문 사용**	~해라 / ~하지 마라

필자의 주장 영어 표현			
i	I +	think	(that) S V ~
		believe	
		insist	
		suggest	
		am sure(certain)	
ii	It is +	important	
		essential	
		effective	
		clear	
		likely	
iii	S	must / should / have to / need to / ought to	
iv	–	V or Don't로 시작	

5일차 학습 날짜 : _____년 __월 __일
학습 시간 : ___:___ ~ ___:___

(1) 비법 연습 문제

정답과 해설 30쪽

[2019 고2 3월 전국연합 25번]

*** 다음 문장을 읽고 필자의 주장을 나타내는 우리말 및 영어 표현을 찾아 밑줄을 치시오.**

1) 미래를 생각할 때 과거의 실패에 얽매이지 말라.

2) Organize the foods in your kitchen so the best choices are most visible and easily accessible.

3) 아동이 스스로 미적 감각을 기를 수 있게 해 주어야 한다.

4) Children need to be able to delight in creative and immediate language play.

5) 자신이 느끼는 감정을 솔직히 인정하는 것이 중요하다.

6) Do not base your decision on what yesterday was.

(2) 기출 연습 문제

정답과 해설 30쪽

1) 문제 풀이

[2019 고2 3월 전국연합 25번]

*** 다음 글에서 필자가 주장하는 바로 가장 적절한 것은?**

Language play is good for children's language learning and development, and therefore we should strongly encourage, and even join in their language play. However, the play must be owned by the children. If it becomes another educational tool for adults to use to produce outcomes, it loses its very essence. Children need to be able to delight in creative and immediate language play, to say silly things and make themselves laugh, and to have control over the pace, timing, direction, and flow. When children are allowed to develop their language play, a range of benefits result from it.

① 아이들이 언어 놀이를 주도하게 하라.

② 아이들의 질문에 즉각적으로 반응하라.

③ 아이들에게 다양한 언어 자극을 제공하라.

④ 대화를 통해 아이들의 공감 능력을 키워라.

⑤ 언어 놀이를 통해 자녀와의 관계를 회복하라.

2) 비법 적용

Language play is good for children's language learning and development, and therefore we should strongly encourage, and even join in their language play.
However , ❶ **<u>the play must be owned by the children.</u>** 〈글의 전개방식: 중괄〉

☞ 비법) 필자의 주장 영어표현 사용 ❶ must: **언어놀이는 아이에 의해 주도되어야 한다.**

If it becomes another educational tool for adults to use to produce outcomes, it loses its very essence. ❷ **<u>Children need to</u>** be able to **<u>delight in creative and immediate language play</u>**, to **<u>say silly things and make themselves laugh</u>**, and to **<u>have control over the pace, timing, direction, and flow</u>**. When children are allowed to develop their language play, a range of benefits result from it.

☞ 비법) 필자의 주장 영어표현 사용 ❷ need to: **아이는 언어놀이에서 즐겁고, 우스꽝스러운 것을 말하고, 통제력을 가질 필요가 있다.**

※ 필자의 주장 종합: **언어 놀이는 아이가 주도해야 한다.**

3) 오답의 모든 것

① 아이들이 언어 놀이를 주도하게 하라.
▶**<u>'언어 놀이는 아이가 주도해야 한다'</u>**와 가장 유사!

② 아이들의 질문에 즉각적으로 반응하라.
▶본문의 'immediate(즉각적인)' 표현 활용한 오답 보기

③ 아이들에게 다양한 언어 자극을 제공하라.
▶'we should strongly encourage' 라는 전환(However) 이전의 내용에 근거한 오답 보기

④ 대화를 통해 아이들의 공감 능력을 키워라.
▶일반적인 교육학적 내용을 활용한 오답 보기

⑤ 언어 놀이를 통해 자녀와의 관계를 회복하라.
▶일반적인 교육학적 내용을 활용한 오답 보기

(3) 실전 연습 문제

정답과 해설 31쪽

※ 다음 글에서 필자가 주장하는 바로 가장 적절한 것을 고르시오.

1.

[2018 고1 3월 전국연합 21번]

Many people think of what might happen in the future based on past failures and get trapped by them. For example, if you have failed in a certain area before, when faced with the same situation, you anticipate what might happen in the future, and thus fear traps you in yesterday. Do not base your decision on what yesterday was. Your future is not your past and you have a better future. You must decide to forget and let go of your past. Your past experiences are the thief of today's dreams only when you allow them to control you.

① 꿈을 이루기 위해 다양한 경험을 하라.

② 미래를 생각할 때 과거의 실패에 얽매이지 말라.

③ 장래의 성공을 위해 지금의 행복을 포기하지 말라.

④ 자신을 과신하지 말고 실현 가능한 목표부터 세우라.

⑤ 결정을 내릴 때 남의 의견에 지나치게 의존하지 말라.

✏ **어휘 Box** (모르는 어휘와 표현을 아래에 정리하고 해설을 통해 복습하세요.)

✏ **비법 적용 Box** (앞에서 배운 비법을 스스로 문장에 적용하고 해설과 비교해 보세요.)

2.

[2019 고1 3월 전국연합 21번]

It can be tough to settle down to study when there are so many distractions. Most young people like to combine a bit of homework with quite a lot of instant messaging, chatting on the phone, updating profiles on socialnetworking sites, and checking emails. While it may be true that you can multitask and can focus on all these things at once, try to be honest with yourself. It is most likely that you will be able to work best if you concentrate on your studies but allow yourself regular breaks—every 30 minutes or so—to catch up on those other pastimes.

① 공부할 때는 공부에만 집중하라.

② 평소 주변 사람들과 자주 연락하라.

③ 피로감을 느끼지 않게 충분한 휴식을 취하라.

④ 자투리 시간을 이용하여 숙제를 하라.

⑤ 학습에 유익한 취미 활동을 하라.

어휘 Box (모르는 어휘와 표현을 아래에 정리하고 해설을 통해 복습하세요.)

비법 적용 Box (앞에서 배운 비법을 스스로 문장에 적용하고 해설과 비교해 보세요.)

3.

[2020 고2 3월 전국연합 20번]

When I started my career, I looked forward to the annual report from the organization showing statistics for each of its leaders. As soon as I received them in the mail, I'd look for my standing and compare my progress with the progress of all the other leaders. After about five years of doing that, I realized how harmful it was. Comparing yourself to others is really just a needless distraction. The only one you should compare yourself to is you. Your mission is to become better today than you were yesterday. You do that by focusing on what you can do today to improve and grow. Do that enough, and if you look back and compare the you of weeks, months, or years ago to the you of today, you should be greatly encouraged by your progress.

① 남과 비교하기보다는 자신의 성장에 주목해야 한다.

② 진로를 결정할 때는 다양한 의견을 경청해야 한다.

③ 발전을 위해서는 선의의 경쟁 상대가 있어야 한다.

④ 타인의 성공 사례를 자신의 본보기로 삼아야 한다.

⑤ 객관적 자료에 근거하여 직원을 평가해야 한다.

어휘 Box (모르는 어휘와 표현을 아래에 정리하고 해설을 통해 복습하세요.)

비법 적용 Box (앞에서 배운 비법을 스스로 문장에 적용하고 해설과 비교해 보세요.)

(4) 고난도 연습 문제

정답과 해설 39쪽

[2021학년도 수능 20번]

Developing expertise carries costs of its own. We can become experts in some areas, like speaking a language or knowing our favorite foods, simply by living our lives, but in many other domains expertise requires considerable training and effort. What's more, expertise is domain specific. The expertise that we work hard to acquire in one domain will carry over only imperfectly to related ones, and not at all to unrelated ones. In the end, as much as we may want to become experts on everything in our lives, there simply isn't enough time to do so. Even in areas where we could, it won't necessarily be worth the effort. It's clear that we should concentrate our own expertise on those domains of choice that are most common and/or important to our lives, and those we actively enjoy learning about and choosing from.

① 자신에게 의미 있는 영역을 정해서 전문성을 키워야 한다.
② 전문성 함양에는 타고난 재능보다 노력과 훈련이 중요하다.
③ 전문가가 되기 위해서는 다양한 분야에 관심을 가져야 한다.
④ 전문성을 기르기 위해서는 구체적인 계획과 실천이 필수적이다.
⑤ 전문가는 일의 우선순위를 결정해서 업무를 수행해야 한다.

어휘 Box (모르는 어휘와 표현을 아래에 정리하고 해설을 통해 복습하세요.)

비법 적용 Box (앞에서 배운 비법을 스스로 문장에 적용하고 해설과 비교해 보세요.)

3 글의 주제

유형 풀이 비법 '핵심 소재(keyword)' 파악이 우선이다!

글의 주제 유형 풀이 비법

☞ 비법1) 지문 속에 숨겨진 **'핵심 소재(keyword)'** 파악하기

핵심 소재(keyword)의 종류

i . **반복 표현**: 반복적으로 사용되는 표현에 유의하며 글을 읽어보자!

ii . **유사 표현**(paraphrasing): 형태는 다르지만 유사한 의미로 쓰이는 표현에 유의하며 글을 읽어보자!

☞ 비법2) 필자의 생각을 담은 **'주제문'** 파악하기

i . 글의 전개상 **더도 말고, 덜도 말고 가장 포괄적인** 문장을 찾자!
- 지나치게 광범위(too general)하거나 지나치게 지엽적(too specific)인 문장은 주제문에서 제외한다.
- 특히 어떤 내용 뒤에 사례/부연이 이어질 경우, 사례/부연의 앞 문장이 주제문일 가능성이 높다.

ii . **Signal 단어**를 주목하라! important, clear, obvious, essential, great, principal 등
- '중요한'의 의미가 있는 단어가 오면 핵심어구나 주제문을 쉽게 찾을 수 있다.

iii . **Signal 연결사**를 주목하라!

주제문 위치	Signal 연결사 활용 비법
글의 중반부	역접의 연결사(Yet, But, However, Still 등)가 나오고 그 내용을 뒷받침하는 예시/부연 연결사(For example, For instance)가 나올 경우
글의 후반부	인과의 연결사(So, Therefore, Thus, Hence, Accordingly 등)와 같이 결론을 맺는 연결사가 나올 경우

6일차 학습 날짜 : _____년 __월 __일
학습 시간 : ___:___ ~ ___:___

(1) 비법 연습 문제

정답과 해설 39쪽

[2020 고3 10월 전국연합 23번]

*** 다음 글에서 핵심 소재와 signal 단어를 찾아 밑줄을 치고, 글의 주제로 가장 적절한 것을 고르시오.**

The principle of humane treatment exerts an important constraint on the administration of criminal justice, a staterun process which has the potential to do very great harm to anybody who becomes caught up in its snares. Suspects and the accused are the ones most obviously in jeopardy. Procedural rules contribute to suspects' humane treatment by providing them with legal advice and assistance to prepare and present their cases in court. Rules of evidence perform a similar function by affording accused persons fair opportunity to answer the charges against them, whilst at the same time respecting their right to remain silent if they choose to keep their counsel and put the prosecution to proof. These and other rules of criminal evidence and procedure treat the accused as thinking, feeling, human subjects of official concern and respect, who are entitled to be given the opportunity to play an active part in procedures with a direct and possibly catastrophic impact on their welfare.

*snare: 덫 **prosecution: 검찰 측

① correlations between crime rates and social welfare

② efforts to revise outdated criminal justice procedures

③ humane treatment of suspects and the accused in the criminal justice system.

(2) 기출 연습 문제

정답과 해설 39쪽

1) 문제 풀이

[2021학년도 수능 23번]

*** 다음 글의 주제로 가장 적절한 것은?**

Difficulties arise when we do not think of people and machines as collaborative systems, but assign whatever tasks can be can be automated to the machines and leave the rest to people. This ends up requiring people to behave in machine-like fashion, in ways that differ from human capabilities. We expect people to monitor machines, which means keeping alert for long periods something we are bad at. We require people to do repeated operations with the extreme precision and accuracy required by machines, again something we are not good at. When we divide up the machine and human components of a task in this way, we fail to take advantage of human strengths and capabilities but instead rely upon areas where we are genetically, biologically unsuited. Yet, when people fail, they are blamed.

① difficulties of overcoming human weaknesses to avoid failure

② benefits of allowing machines and humans to work together

③ issues of allocating unfit tasks to humans in automated systems

④ reasons why humans continue to pursue machine automation

⑤ influences of human actions on a machine's performance

2) 비법 적용

Difficulties arise when we do **not** think of people and machines as collaborative systems, **but assign whatever tasks can be automated to the machines** and **leave the rest to people**. 〈글의 전개방식: 두괄〉

☞ 주제문: 자동화된 작업을 기계에 할당하고 나머지를 사람에게 맡길 때 문제가 발생한다.

☞ 비법1) 핵심 소재 keyword 파악하기: difficulties → 복수형이므로, 문제점이 2개 이상임을 예상 가능

This ends up requiring people to behave in machine-like fashion, in ways that differ from human capabilities. We expect people to monitor machines, which means keeping alert for long periods, something we are bad at.

☞ 사례❶: 우리는 인간이 기계를 감시하기를 기대하지만, 이는 오랜 집중을 요구하며, 인간이 잘하지 못하는 것이다.

☞ 비법1) 핵심 소재 keyword와 유사 표현 잡기: difficulties ≒ be bad at (어려움, 못함)

☞ 비법2) 어떤 내용 뒤에 사례가 나올 경우, 사례의 앞 문장이 주제문일 가능성이 높음

We require people to do repeated operations with the extreme precision and accuracy required by machines, again something we are not good at.

☞ 사례❷: 우리는 인간이 극도의 정밀함/정확성으로 반복 작업을 하길 요구하지만, 이것도 인간이 잘하지 못하는 것이다.

☞ 비법1) 핵심 소재 keyword와 유사 표현 잡기: difficulties ≒ not good at (잘하지 못함)

When we divide up the machine and human components of a task in this way, we fail to take advantage of human strengths and capabilities but instead rely upon areas where we are genetically, biologically unsuited. Yet, when people fail, they are blamed.

※ 글의 주제 1)2) 종합: **인간과 기계의 작업을 분리해서, 자동화된 작업을 기계에 맡기고 나머지를 사람에게 맡기는 방식은 바람직하지 않다.**

3) 오답의 모든 것

① difficulties of overcoming human weaknesses to avoid failure
(실패를 피하기 위해 인간의 약점을 극복하는 것의 어려움)
▶인간의 약점에 대한 내용(something we are bad at)이 일부 나오지만, 핵심 내용을 포함하지 않은 오답 보기

② benefits of allowing machines and humans to work together
(기계와 인간이 함께 일하게 하는 것의 장점)
▶본문의 'collaborative' 표현을 활용했으나, 문제점을 다루는 본문의 내용과 상반되는 오답 보기

③ issues of allocating unfit tasks to humans in automated systems
(자동화된 시스템에서 인간에게 부적합한 과제를 할당하는 것의 문제)
▶**'자동화된 작업을 기계에 맡기고 나머지를 사람에게 맡기는 방식은 바람직하지 않다.'**와 가장 유사!
▶본문의 핵심 소재를 나타내는 유사 표현이 사용됨 (issues = difficulties / allocate = assign / unfit = unsuited / human = people / automated = machine-like)

④ reasons why humans continue to pursue machine automation
(인간이 기계 자동화를 계속 추구하는 이유)
▶자동화(automated)에 대한 내용이 나오지만 자동화를 추구하는 이유는 본문에 나오지 않으므로 오답 보기

⑤ influences of human actions on a machine's performance
(인간의 행동이 기계의 성능에 미치는 영향)
▶기계의 성능이라는 본문의 내용과 상관없는 내용이 나온 오답 보기

(3) 실전 연습 문제

정답과 해설 39쪽

*** 다음 글의 주제로 가장 적절한 것을 고르시오.**

1.

[2020 고2 11월 전국연합 23번]

I was brought up to believe that if I get lost in a large forest, I will sooner or later end up where I started. Without knowing it, people who are lost will always walk in a circle. In the book *Finding Your Way Without Map or Compass*, author Harold Gatty confirms that this is true. We tend to walk in circles for several reasons. The most important is that virtually no human has two legs of the exact same length. One leg is always slightly longer than the other, and this causes us to turn without even noticing it. In addition, if you are hiking with a backpack on, the weight of that backpack will inevitably throw you off balance. Our dominant hand factors into the mix too. If you are right-handed, you will have a tendency to turn toward the right. And when you meet an obstacle, you will subconsciously decide to pass it on the right side.

① abilities to construct a mental map for walking
② factors that result in people walking in a circle
③ reasons why dominance exists in nature
④ instincts that help people return home
⑤ solutions to finding the right direction

✏ **어휘 Box** (모르는 어휘와 표현을 아래에 정리하고 해설을 통해 복습하세요.)

✏ **비법 적용 Box** (앞에서 배운 비법을 스스로 문장에 적용하고 해설과 비교해 보세요.)

2.

[2020 고1 11월 전국연합 23번]

The use of renewable sources of energy to produce electricity has increasingly been encouraged as a way to harmonize the need to secure electricity supply with environmental protection objectives. But the use of renewable sources also comes with its own consequences, which require consideration. Renewable sources of energy include a variety of sources such as hydropower and ocean-based technologies. Additionally, solar, wind, geothermal and biomass renewable sources also have their own impact on the environment. Hydropower dams, for example, have an impact on aquatic ecosystems and, more recently, have been identified as significant sources of greenhouse emissions. Wind, solar, and biomass also cause negative environmental impacts, such as visual pollution, intensive land occupation and negative effects on bird populations.

*geothermal: 지열의 **biomass: 에너지로 사용 가능한 생물체

① environmental side effects of using renewable energy sources
② practical methods to meet increasing demand for electricity
③ negative impacts of the use of traditional energy sources
④ numerous ways to obtain renewable sources of energy
⑤ effective procedures to reduce greenhouse emissions

어휘 Box (모르는 어휘와 표현을 아래에 정리하고 해설을 통해 복습하세요.)

비법 적용 Box (앞에서 배운 비법을 스스로 문장에 적용하고 해설과 비교해 보세요.)

3.

[2020 고2 9월 전국연합 23번]

It has long been held that the capacity for laughter is a peculiarly human characteristic. The witty Lucian of Samosata (2nd century A.D.) noted that the way to distinguish a man from a donkey is that one laughs and the other does not. In all societies humor is important not only in individual communication but also as a molding force of social groups, reinforcing their norms and regulating behavior. "Each particular time, each era, in fact each moment, has its own condition and themes for laughter...because of the major preoccupations, concerns, interests, activities, relations, and mode prevailing at the time." The ultimate goal of anyone who studies another culture, such as ancient Greece, is to understand the people themselves who were more than the sum total of monuments, historical incidents, or social groupings. One way to approach this goal directly is to study the culture's humor. As Goethe aptly observed: "Men show their characters in nothing more clearly than in what they think laughable."

① typical process of cultural assimilation
② function of laughter in building friendship
③ educational need for intercultural competence
④ roles of humor in criticizing social problems
⑤ humor as a tool for understanding a culture

어휘 Box (모르는 어휘와 표현을 아래에 정리하고 해설을 통해 복습하세요.)

비법 적용 Box (앞에서 배운 비법을 스스로 문장에 적용하고 해설과 비교해 보세요.)

(4) 고난도 연습 문제

정답과 해설 45쪽

[2020 고3 9월 전국연합 23번]

Conventional wisdom in the West, influenced by philosophers from Plato to Descartes, credits individuals and especially geniuses with creativity and originality. Social and cultural influences and causes are minimized, ignored, or eliminated from consideration at all. Thoughts, original and conventional, are identified with individuals, and the special things that individuals are and do are traced to their genes and their brains. The "trick" here is to recognize that individual humans are social constructions themselves, embodying and reflecting the variety of social and cultural influences they have been exposed to during their lives. Our individuality is not denied, but it is viewed as a product of specific social and cultural experiences. The brain itself is a social thing, influenced structurally and at the level of its connectivities by social environments. The "individual" is a legal, religious, and political diction just as the "I" is a grammatical illusion.

① recognition of the social nature inherent in individuality

② ways of filling the gap between individuality and collectivity

③ issues with separating original thoughts from conventional ones

④ acknowledgment of the true individuality embodied in human genes

⑤ necessity of shifting from individualism to interdependence

✐ **어휘 Box** (모르는 어휘와 표현을 아래에 정리하고 해설을 통해 복습하세요.)

✐ **비법 적용 Box** (앞에서 배운 비법을 스스로 문장에 적용하고 해설과 비교해 보세요.)

4 글의 제목

유형 풀이 비법 글의 핵심 소재를 명확히 파악한 후, 이를 가장 잘 나타내는 선택지를 고르자!

제목 유형 풀이 비법 4가지

전반부	☞ 비법1) 글의 **전반부** 집중해서 읽기 i . 글의 첫 1~2문장을 읽고 글의 **핵심 소재**(무엇에 관한 글인지/topic)를 파악한다. ii . 글의 전반부에 **질문**이 나오는 경우가 많은데, 이는 필자의 의도를 드러내는 시그널이다. (예시: What do the eyes do as a safeguard mechanism? → 눈이 보호 메커니즘으로서 하는 역할이 무엇인지가 글의 주된 내용)
중반부	☞ 비법2) **구체적인 예시와 설명** 읽고 핵심 소재를 명확히 이해하기 반복되는 말이나 연결사와 함께 나오는 **예시 및 보충 설명**을 읽고, 핵심 소재에 대한 이해를 구체화한다. (For example, For instance, Imagine that...)
후반부	☞ 비법3) 글의 **후반부** 집중해서 읽기 글 전체를 집약하는 **주제문**이 후반부에 다시 등장하므로, 마지막 2~3문장을 꼼꼼히 읽는다.
선택지 ① ② ③ ④ ⑤	☞ 비법4) **글의 제목으로 가장 적절한 선택지**를 고르기 i . 선택지 속에 **핵심 소재**가 들어있는지 반드시 확인한다. – 단, 핵심 소재가 **추상적/비유적인 표현**으로 대체될 수 있음에 유의 – 우여곡절이 많았던 인생(life)을 journey, rollercoaster 등으로 표현하는 경우 ii . **글의 제목을 나타내는 표현**의 형태를 익혀둔다. – 핵심소재: 부연 설명 (Ongoing Challenges in Sports: Racial and Ethnic Issue) – 의문문 (Are Nuclear Power Plants Really Dangerous?) – 명령문 (Just Stick to Your Belief!)

7일차 학습 날짜 : _____년 __월 __일
학습 시간 : ___:___ ~ ___:___

(1) 비법 연습 문제

정답과 해설 47쪽

* 다음 글을 읽고 글의 제목으로 가장 적절한 선택지를 고르시오.

1) My fear was reduced by the information I had gathered, allowing me to enjoy the experience more.

① Anticipation: A Way to Avoid Fear
② Those Who Hesitate Lack Experiences
③ Wrong Information Puts You in Danger

2) There are always white spaces ready to be filled and golden nuggets of opportunities lying on the ground waiting for someone to pick them up.

① Why Do Golden Nuggets Distract Us?
② Don't Hesitate to Take Hold of Opportunities
③ Widen Your Eyes, Deepen Your Understanding of Others

3) The UN warned that biofuels could have dangerous side effects and said that steps need to be taken to make sure that land converted to grow biofuels does not damage the environment.

① How to Invest in the Biofuel Industry
② Steps to Be Taken against Global Warming
③ Biofuels: The Right Answer for Global Warming?

(2) 기출 연습 문제

정답과 해설 48쪽

1) 문제 풀이

[2018 고1 3월 전국연합 24번]

* 다음 글의 제목으로 가장 적절한 것은?

How can we teach our children to memorize a broad range of information? Let me prove to you that all people are potential geniuses, with brains designed to store, control, and remember large amounts of information through memorization by repetition. Imagine the grocery store where you shop the most. If I asked you to tell me where the eggs are, would you be able to do so? Of course you could. The average grocery store carries over 10,000 items, yet you can quickly tell me where to find most of them. Why? The store is organized by category, and you have shopped in the store repeatedly. In other words, you've seen those organized items over and over again, and the arrangement by category makes it easy for you to memorize the store's layout. You can categorize 10,000 items from just one store.

① Too Much Repetition Kills Creativity
② Believe in Your Memos, Not Your Memory
③ A Grocery Store: Where Your Health Begins
④ Your Memory Can Improve as You Get Older
⑤ Repetition and Categorization: The Key to Memory

2) 비법 적용

How can we teach our children to memorize a broad range of information?

☞ 비법1) 글의 전반부 → 질문을 통해 드러나는 필자의 의도를 파악: '많은 정보를 기억하는 방법이 무엇인지'에 대해 질문하고 있으므로, 이에 대한 답변과 근거가 이어져 나올 것을 예측 가능 〈글의 전개방식: 양괄〉

Let me prove to you that all people are potential geniuses, with brains designed to store, control, and remember large amounts of information **through memorization by repetition**.

☞ 비법1) 글의 전반부 → 핵심 소재 파악: 광범위한 정보를 기억하는 방법 = **반복에 의한 암기**

Imagine the grocery store where you shop the most. If I asked you to tell me where the eggs are, would you be able to do so? Of course you could. The average grocery store carries over 10,000 items, yet you can quickly tell me where to find most of them. Why? The store is organized by category, and you have shopped in the store repeatedly.

☞ 비법2) 구체적 예시: 가게에서 우리는 달걀을 쉽게 찾을 수 있는데, 왜냐하면 그 가게는 범주별로 정리되어 있으며, 우리는 반복적으로 그곳에서 쇼핑을 했기 때문

In other words (부연 연결사), you've seen those organized items **over and over again**, and the **arrangement by category** makes it easy for you to **memorize** the store's layout. You can categorize 10,000 items from just one store. 〈글의 전개방식: 양괄, 요약〉

☞ 비법3) 글의 후반부 → 글 전체를 집약하는 주제문: 정리된 물건들을 계속 **반복적으로 봤고**, **범주에 의한 배열**이 되어있기 때문에 = 그 가게의 배치를 **기억하기** 쉬움

※ 글의 핵심 내용 1) 2) 3) 종합: **반복과 범주화는 기억을 잘 할 수 있게 한다.**

3) 오답의 모든 것

① Too Much Repetition Kills Creativity (지나친 반복이 창의성을 말살한다)
▶핵심 소재(repetition)가 일부 포함되었으나 본문과 상관없는 내용(creativity)이 서술된 오답 보기

② Believe in Your Memos, Not Your Memory (기억력이 아니라 메모를 믿어라)
▶핵심 소재(memory)가 일부 포함되었으나 본문과 상관없는 내용(memos)이 서술된 오답 보기

③ A Grocery Store: Where Your Health Begins (식료품점: 건강이 시작되는 곳)
▶본문의 예시에 나온 세부 내용(grocery store)을 활용한 오답 보기

④ Your Memory Can Improve as You Get Older (기억력은 나이가 들수록 향상될 수 있다)
▶핵심 소재(memory)가 일부 포함되었으나 본문과 상관없는 내용(get older)이 서술된 오답 보기

⑤ Repetition and Categorization: The Key to Memory (반복과 범주화: 기억력의 비결)
▶**'반복과 범주화는 기억을 잘 할 수 있게 한다'**는 본문의 내용에 가장 적절한 제목!
▶핵심 소재(repetition, categorization, memory)가 모두 들어갔으며, 「핵심 소재: 부연설명」의 형태

(3) 실전 연습 문제

정답과 해설 49쪽

*** 다음 글의 제목으로 가장 적절한 것을 고르시오.**

1.

[2018 고2 3월 전국연합 23번]

Each spring in North America, the early morning hours are filled with the sweet sounds of songbirds, such as sparrows and robins. While it may seem like these birds are simply singing songs, many are in the middle of an intense competition for territories. For many birds, this struggle could ultimately decide whom they mate with and if they ever raise a family. When the birds return from their winter feeding grounds, the males usually arrive first. Older, more dominant males will reclaim their old territories: a tree, shrub, or even a window ledge. Younger males will try to challenge the older ones for space by mimicking the song that the older males are singing. The birds that can sing the loudest and the longest usually wind up with the best territories.

*ledge: 선반 모양의 공간

① Harmony Brings Peace
② Great Waves of Migration
③ Singing for a Better Home
④ An Endless Journey for Food
⑤ Too Much Competition Destroys All

✐ **어휘 Box** (모르는 어휘와 표현을 아래에 정리하고 해설을 통해 복습하세요.)

✐ **비법 적용 Box** (앞에서 배운 비법을 스스로 문장에 적용하고 해설과 비교해 보세요.)

2.

[2018 고1 6월 전국연합 23번]

Mammals tend to be less colorful than other animal groups, but zebras are strikingly dressed in blackandwhite. What purpose do such high contrast patterns serve? The colors' roles aren't always obvious. The question of what zebras can gain from having stripes has puzzled scientists for more than a century. To try to solve this mystery, wildlife biologist Tim Caro spent more than a decade studying zebras in Tanzania. He ruled out theory after theory — stripes don't keep them cool, stripes don't confuse predators — before finding an answer. In 2013, he set up fly traps covered in zebra skin and, for comparison, others covered in antelope skin. He saw that flies seemed to avoid landing on the stripes. After more research, he concluded that stripes can literally save zebras from diseasecarrying insects.

*antelope: 영양 (羚羊)

① Zebras' Stripes: Nature's Defense Against Flies
② Which Mammal Has the Most Colorful Skin?
③ What Animals Are Predators of Zebras?
④ Patterns: Not for Hiding, But for Showing Off
⑤ Each Zebra Is Born with Its Own Unique Stripes

어휘 Box (모르는 어휘와 표현을 아래에 정리하고 해설을 통해 복습하세요.)

비법 적용 Box (앞에서 배운 비법을 스스로 문장에 적용하고 해설과 비교해 보세요.)

3.

[2020 고1 6월 전국연합 24번]

Every event that causes you to smile makes you feel happy and produces feel–good chemicals in your brain. Force your face to smile even when you are stressed or feel unhappy. The facial muscular pattern produced by the smile is linked to all the "happy networks" in your brain and will in turn naturally calm you down and change your brain chemistry by releasing the same feel–good chemicals. Researchers studied the effects of a genuine and forced smile on individuals during a stressful event. The researchers had participants perform stressful tasks while not smiling, smiling, or holding chopsticks crossways in their mouths (to force the face to form a smile). The results of the study showed that smiling, forced or genuine, during stressful events reduced the intensity of the stress response in the body and lowered heart rate levels after recovering from the stress.

① Causes and Effects of Stressful Events
② Personal Signs and Patterns of Stress
③ How Body and Brain React to Stress
④ Stress: Necessary Evil for Happiness
⑤ Do Faked Smiles Also Help Reduce Stress?

✐ 어휘 Box (모르는 어휘와 표현을 아래에 정리하고 해설을 통해 복습하세요.)

✐ 비법 적용 Box (앞에서 배운 비법을 스스로 문장에 적용하고 해설과 비교해 보세요.)

(4) 고난도 연습 문제

정답과 해설 55쪽

[2021학년도 수능 24번]

People don't usually think of touch as a temporal phenomenon, but it is every bit as time-based as it is spatial. You can carry out an experiment to see for yourself. Ask a friend to cup his hand, palm face up, and close his eyes. Place a small ordinary object in his palm — a ring, an eraser, anything will do — and ask him to identify it without moving any part of his hand. He won't have a clue other than weight and maybe overall size. Then tell him to keep his eyes closed and move his fingers over the object. He'll most likely identify it at once. By allowing the fingers to move, you've added time to the sensory perception of touch. There's a direct analogy between the fovea at the center of your retina and your fingertips, both of which have high acuity. Your ability to make complex use of touch, such as buttoning your shirt or unlocking your front door in the dark, depends on continuous time-varying patterns of touch sensation.

*analogy: 유사 **fovea: (망막의) 중심와(窩) ***retina: 망막

① Touch and Movement: Two Major Elements of Humanity

② Time Does Matter: A Hidden Essence of Touch

③ How to Use the Five Senses in a Timely Manner

④ The Role of Touch in Forming the Concept of Time

⑤ The Surprising Function of Touch as a Booster of Knowledge

✐ **어휘 Box** (모르는 어휘와 표현을 아래에 정리하고 해설을 통해 복습하세요.)

✐ **비법 적용 Box** (앞에서 배운 비법을 스스로 문장에 적용하고 해설과 비교해 보세요.)

8일차

5 요약문

유형 풀이 비법 '요약문 → 선택지 → 본문'의 순서로 읽어 정답을 정확하게 파악하자!

요약문 유형 풀이 비법 4단계

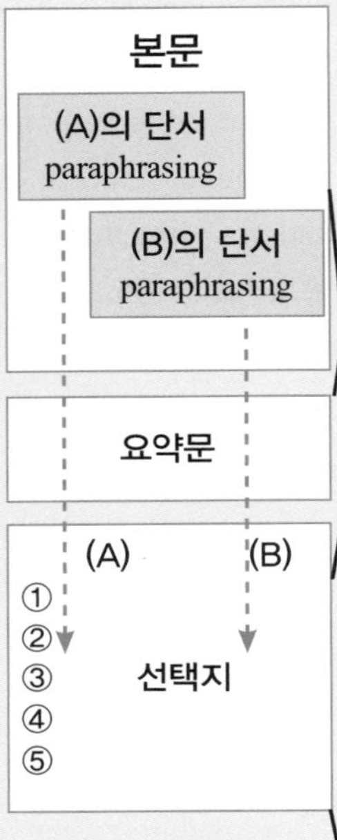

☞ 비법1) **요약문** 읽고 개요 파악하기

– 빈칸이 있는 주어진 요약문을 신중히 독해하여 무엇에 관한 글인지 파악한다.

☞ 비법2) **선택지** 활용해 글의 내용 예상하기

ⅰ. **선택지를 활용해 빈칸의 품사를 확인**한다.

– 선택지의 품사 = 빈칸의 품사이므로 이를 요약문에 표시해 놓는다.

ⅱ. **선택지를 요약문의 빈칸에 대입해보며 글의 내용을 예상**한다.

– [예시: 실험에서 남자는 TV를 (A)하는 반면, 여자는 (B)하는 경향이 있다.] → 선택지의 '선호', '기피'등을 빈칸에 미리 대입해보면 글의 내용을 예상 가능, 이후 본문에서 남자가 무엇(A)하고 여자가 다른 무엇(B)을 하는지에 초점을 두어 읽으면 되므로 **독해의 방향 잡기가 수월해짐**!

☞ 비법3) **본문** 읽고 빈칸의 단서 찾기

– 본문을 읽으며 주제문을 찾아 글의 핵심 내용을 파악한다.

– 본문에서 요약문의 빈칸 (A)와 (B)에 들어갈 말의 단서를 파악한다.

☞ 비법4) **유사 표현(paraphrasing)에 주의**해 적절한 선택지를 고르기

– 형태는 다르지만 비슷한 의미로 쓰이는 유사 표현(paraphrasing)에 따라 가장 적절한 선택지를 고른다.

– 이를 위해서는 사전에 기본적인 어휘학습이 필요하다.

8일차 학습 날짜 : ____년 __월 __일
학습 시간 : ___:___ ~ ___:___

(1) 비법 연습 문제

정답과 해설 57쪽

*** 주어진 문단 1)과 2)를 읽고, 두 문단의 의미가 같아지도록 (A)와 (B)에 들어갈 알맞은 어휘를 고르시오.**

1) After the United Nations environmental conference in Rio de Janeiro in 1992 made the term "sustainability" widely known around the world, the word became a popular buzzword by those who wanted to be seen as pro-environmental but who did not really intend to change their behavior. But then, in a decade or so, some governments, industries, educational institutions, and organizations started to use the term in a serious manner.

⬇

2) While the term "sustainability," in the initial phase, was popular among those who ____(A)____ to be eco-conscious, it later came to be used by those who would ____(B)____ their pro-environmental thoughts.

(A)		(B)
① pretended	……	actualize
② pretended	……	disregard
③ refused	……	realized
④ refused	……	idealize
⑤ attempted	……	mask

(2) 기출 연습 문제

정답과 해설 57쪽

1) 문제 풀이

[2020학년도 수능 40번]

*** 다음 글의 제목으로 가장 적절한 것은?**

Because elephant groups break up and reunite very frequently — for instance, in response to variation in food availability — reunions are more important in elephant society than among primates. And the species has evolved elaborate greeting behaviors, the form of which reflects the strength of the social bond between the individuals (much like how you might merely shake hands with a long-standing acquaintance but hug a close friend you have not seen in a while, and maybe even tear up). Elephants may greet each other simply by reaching their trunks into each other's mouths, possibly equivalent to a human peck on the cheek. However, after long absences, members of family and bond groups greet one another with incredibly theatrical displays. The fact that the intensity reflects the duration of the separation as well as the level of intimacy suggests that elephants have a sense of time as well. To human eyes, these greetings strike a familiar chord. I'm reminded of the joyous reunions so visible in the arrivals area of an international airport terminal.

*acquaintance: 지인 **peck: 가벼운 입맞춤

The evolved greeting behaviors of elephants can serve as an indicator of how much they are socially ____(A)____ and how long they have been ____(B)____.

(A)		(B)
① competitive	……	disconnected
② tied	……	endangered
③ responsible	……	isolated
④ competitive	……	united
⑤ tied	……	parted

2) 비법 적용

The evolved greeting behaviors of elephants can serve as an indicator of how much they are socially ___(A)___ and how long they have been ___(B)___ .	(A) (B) ① competitive ...... disconnected ② tied ...... endangered ③ responsible ...... isolated ④ competitive ...... united ⑤ tied ...... parted

☞ **비법 1) 필자의 주장 영어표현을 찾는다!**

(코끼리의 진화된 인사법 = 그들이 사회적으로 얼마나 ______ 한지에 대한 지표)

(코끼리의 진화된 인사법 = 그들이 얼마나 오래 ______ 되었는지에 대한 지표)

☞ **비법 2) 선택지 활용해 예측하기**

i . 선택지를 봤을 때, 빈칸 (A), (B)에 들어갈 말은 각각 (A): 형용사 (B): 형용사

ii . 선택지를 요약문의 빈칸에 대입해봤을 때, 아래의 경우들로 글의 방향이 좁혀짐

(코끼리의 진화된 인사법 = 그들이 사회적으로 얼마나 경쟁적/유대가 깊은/책임감 있는지에 대한 지표)

(코끼리의 진화된 인사법 = 그들이 얼마나 오래 단절 · 고립 · 분리된/멸종위기의/단절되었는지에 대한 지표)

Because elephant groups break up and reunite very frequently — for instance, in response to variation in food availability — reunions are more important in elephant society than among primates. And the species has evolved **elaborate greeting behaviors**, the form of which reflects **the strength of the social bond** between the individuals.

☞ 주제문: 코끼리는 개체들 사이의 **유대감(social bond)**의 강도에 따른 **정교한 인사법**을 진화시킴

☞ 비법3) 본문 읽고 빈칸의 단서 찾기

→ 빈칸 (A)에서 (socially) tied로 선택지가 좁혀지므로, 선택지 ①, ③, ④를 제거하고 ②, ⑤를 남김

However, after long absences, members of family and bond groups greet one another with incredibly theatrical displays. 〈글의 전개방식: 대조〉

☞ 구체적 예시: 오랜 부재(long absences) 후에는 엄청나게 극적인/과장된 모습을 보이며 인사함

The fact that the intensity reflects the duration of **the separation** as well as the level of intimacy suggests that elephants have a sense of time as well.

☞ 구체적 예시에 대한 부연: 강렬함이 친밀도뿐만 아니라 **떨어져 있었던(the separation)** 시간의 길이도 반영한다는 사실은 코끼리들에게도 시간적 감각이 있다는 것을 암시함

→ 빈칸 (B)에서 (how long they have been) parted로 선택지가 좁혀짐

(위에서 남겨진 선택지 ②, ⑤ 중 ②번의 endangered는 문맥상 적합하지 않으므로, 오랜 시간을 두고 떨어져(헤어져) 있었다는 의미의 ⑤번 parted가 가장 적합)

3) 오답의 모든 것

① (A) competitive (B) disconnected	▶ (A)에서 '코끼리들이 얼마나 경쟁적인지(competitive)'는 본문에 없으므로 오답 보기
② (A) tied (B) endangered	▶ (B)에서 '코끼리들이 멸종위기에 처해왔다(endangered)'는 본문에 없으므로 오답 보기
③ (A) responsible (B) isolated	▶ (A)에서 '코끼리들이 얼마나 책임감 있는지(responsible)'는 본문에 없으므로 오답 보기
④ (A) competitive (B) united	▶ (A)에서 '코끼리들이 얼마나 경쟁적인지(competitive)'는 본문에 없고, (B)에서 본문 'reunite'와 비슷한 'united'로 혼동을 주지만, 이는 '떨어져 있었는지'와 무관하여 오답 보기
⑤ (A) tied (B) parted	▶ 본문에서의 **'유대관계(bond)'**와 **'분리(separation)'**를 같은 의미를 지닌 (A) tied와 (B) parted로 대체 가능하므로 정답 보기

(3) 실전 연습 문제

정답과 해설 58쪽

*** 다음 글의 내용을 한 문장으로 요약하고자 한다. 빈칸 (A), (B)에 들어갈 말로 가장 적절한 것을 고르시오.**

1.

[2018 고1 3월 전국연합 40번]

Crows are a remarkably clever family of birds. They are capable of solving many more complex problems compared to other birds, such as chickens. After hatching, chickens peck busily for their own food much faster than crows, which rely on the parent bird to bring them food in the nest. However, as adults, chickens have very limited hunting skills whereas crows are much more flexible in hunting for food. Crows also end up with bigger and more complex brains. Their extended period between hatching and flight from the nest enables them to develop intelligence.

*peck: (모이를) 쪼아 먹다

Crows are more ___(A)___ than chickens because crows have a longer period of ___(B)___.

	(A)		(B)
①	intelligent	……	dependency
②	passive	……	dependency
③	selfish	……	competition
④	intelligent	……	competition
⑤	passive	……	hunting

✐ **어휘 Box** (모르는 어휘와 표현을 아래에 정리하고 해설을 통해 복습하세요.)

✐ **비법 적용 Box** (앞에서 배운 비법을 스스로 문장에 적용하고 해설과 비교해 보세요.)

2.

[2019 고1 3월 전국연합 40번]

In one experiment, subjects observed a person solve 30 multiplechoice problems. In all cases, 15 of the problems were solved correctly. One group of subjects saw the person solve more problems correctly in the first half and another group saw the person solve more problems correctly in the second half. The group that saw the person perform better on the initial examples rated the person as more intelligent and recalled that he had solved more problems correctly. The explanation for the difference is that one group formed the opinion that the person was intelligent on the initial set of data, while the other group formed the opposite opinion. Once this opinion is formed, when opposing evidence is presented it can be discounted by attributing later performance to some other cause such as chance or problem difficulty.

*subject: 실험 대상자 **attribute ~ to ...: ~을 ...의 탓으로 돌리다

⬇

People tend to form an opinion based on ____(A)____ data, and when evidence against the opinion is presented, it is likely to be ____(B)____.

(A)		(B)
① more	……	accepted
② more	……	tested
③ earlier	……	ignored
④ earlier	……	accepted
⑤ easier	……	ignored

✐ **어휘 Box** (모르는 어휘와 표현을 아래에 정리하고 해설을 통해 복습하세요.)

✐ **비법 적용 Box** (앞에서 배운 비법을 스스로 문장에 적용하고 해설과 비교해 보세요.)

3.

[2020 고2 3월 전국연합 40번]

Some natural resource-rich developing countries tend to create an excessive dependence on their natural resources, which generates a lower productive diversification and a lower rate of growth. Resource abundance in itself need not do any harm: many countries have abundant natural resources and have managed to outgrow their dependence on them by diversifying their economic activity. That is the case of Canada, Australia, or the US, to name the most important ones. But some developing countries are trapped in their dependence on their large natural resources. They suffer from a series of problems since a heavy dependence on natural capital tends to exclude other types of capital and thereby interfere with economic growth.

⬇

Relying on rich natural resources without ＿＿(A)＿＿ economic activities can be a ＿＿(B)＿＿ to economic growth.

	(A)		(B)
①	varying	……	barrier
②	varying	……	shortcut
③	limiting	……	challenge
④	limiting	……	barrier
⑤	connecting	……	shortcut

✐ **어휘 Box** (모르는 어휘와 표현을 아래에 정리하고 해설을 통해 복습하세요.)

✐ **비법 적용 Box** (앞에서 배운 비법을 스스로 문장에 적용하고 해설과 비교해 보세요.)

(4) 고난도 연습 문제

정답과 해설 66쪽

[2021학년도 수능 40번]

From a cross-cultural perspective the equation between public leadership and dominance is questionable. What does one mean by 'dominance'? Does it indicate coercion? Or control over 'the most valued'? 'Political' systems may be about both, either, or conceivably neither. The idea of 'control' would be a bothersome one for many peoples, as for instance among many native peoples of Amazonia where all members of a community are fond of their personal autonomy and notably allergic to any obvious expression of control or coercion. The conception of political power as a *coercive* force, while it may be a Western fixation, is not a universal. It is very unusual for an Amazonian leader to give an order. If many peoples do not view political power as a coercive force, *nor as the most valued domain*, then the leap from 'the political' to 'domination'(as coercion), *and from there* to 'domination of women', is a shaky one. As Marilyn Strathern has remarked, the notions of 'the political' and 'political personhood' are cultural obsessions of our own, a bias long reflected in anthropological constructs.

*coercion 강제 **autonomy 자율 ***anthropological 인류학의

⬇

It is ____(A)____ to understand political power in other cultures through our own notion of it because ideas of political power are not ____(B)____ across cultures.

	(A)		(B)
①	rational	……	flexible
②	appropriate	……	commonplace
③	misguided	……	uniform
④	unreasonable	……	varied
⑤	effective	……	objective

어휘 Box (모르는 어휘와 표현을 아래에 정리하고 해설을 통해 복습하세요.)

비법 적용 Box (앞에서 배운 비법을 스스로 문장에 적용하고 해설과 비교해 보세요.)

Ⅱ 독해 유형 연습

2 글의 세부내용 관련 독해 유형

9~12일차 학습하기

Remember that there is
nothing stable in the human life.
Therefore do not be excited to the success
or be depressed with the obstacle.

– Socrates –

인간사에는 안정된 것이
하나도 없음을 기억하라.
그러므로 성공에 지나치게 들뜨거나
역경에 의기소침하지 마라.

– 소크라테스 –

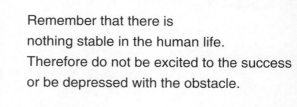

9일차

Part Ⅱ

독해 유형 연습

2 글의 세부내용 관련 독해 유형

1 내용일치/불일치

유형 풀이 비법 '선택지에 나온 내용'을 순서대로 확인해 정답을 파악하자!

내용일치/불일치 유형 풀이 비법

풀이 순서 ↓	☞ 비법1) 본문 초반부에서 첫 번째 선택지 내용에 해당하는 문장을 찾아 일치/불일치 확인	불일치할 경우, 선택지 소거
	☞ 비법2) 선택지 순서는 곧 지문 내용의 순서	선택지가 소거되면 바로 다음 선택지 확인
	☞ 비법3) 선택지의 내용이 다음 문장에 없을 경우, 신속히 다음 문장으로 넘어가기	불필요한 부분의 독해를 건너뛰게 되어 빠르고 효율적인 독해 가능
	☞ 비법4) 일치/불일치의 판단은 배경지식이 아닌, 본문과 선택지의 정확한 해석에 근거	주관적인 생각/지나친 의역을 활용할 경우 오답의 함정에 빠질 수 있음

* 선택지 확인 시 체크할 내용

눈에 띄는 keyword가 있는 경우	**숫자, 장소, 지역, 시간, 이름, 대문자**로 시작하는 대부분의 경우 (본문) **1948**년에 **London**으로 이주함 → (선택지) **1948, London** 반드시 등장! (본문) **30**개가 넘는 저작권을 보유함 → (선택지) **30**이 반드시 등장!
눈에 띄는 keyword가 없는 경우	본문에서 선택지에 나올 수밖에 없는 **간단한/대체 불가한/핵심 어휘**를 찾아 체크 (본문) 훌륭한 **교수**로서 다른 동료들과 많은 연구를 하였다. → (선택지) **professor**가 반드시 등장!

9일차 학습 날짜 : _____년 __월 __일
학습 시간 : ___:___ ~ ___:___

(1) 비법 연습 문제

정답과 해설 69쪽

*** 주어진 문장들을 읽고, 각각에 해당하는 선택지 해석과의 일치 여부를 빈칸에 O, X로 표시하시오.**

1) Speculations about the meaning and purpose of prehistoric art rely heavily on analogies drawn with modern-day hunter-gatherer societies.

2) In the practice of totemism, he has suggested, an unlettered humanity "broods upon itself and its place in nature."

3) Scientism is the view that the scientific description of reality is the only truth there is.

4) The philosophy of science seeks to avoid crude scientism and get a balanced view on what the scientific method can and cannot achieve.

⬇

	(O/X)
① 선사 시대 예술의 의미와 목적에 대한 고찰은 현대의 수렵 채집 사회와의 사이에서 끌어낸 유사점에 많은 것을 의존한다.	
② 토템 신앙의 풍습에서 문맹의 인류는 "자연 속에서의 타인과 자신의 위치에 대해 곰곰이 생각한다."라고 그는 말했다.	
③ 과학만능주의는 현실에 대한 과학적 기술만이 존재하는 유일한 진실이라는 견해이다.	
④ 과학 철학은 투박한 과학만능주의를 피하고 과학적 방법이 성취할 수 있는 것과 성취할 수 없는 것에 대한 균형 잡힌 시각을 가지려고 노력한다.	

(2) 기출 연습 문제

정답과 해설 69쪽

1) 문제 풀이

[2020학년도 수능 26번]

* The Nuer에 관한 다음 글의 내용과 일치하지 않는 것은?

The Nuer are one of the largest ethnic groups in South Sudan, primarily residing in the Nile River Valley. The Nuer are a cattle-raising people, whose everyday lives revolve around their cattle. They have various terms related to cattle, so they can distinguish between hundreds of types of cows, based on color, markings, and shape of horns. They prefer to be called by the names of the cattle they raise. The commonest daily foods for the Nuer are dairy products, especially milk for the young and soured milk, like yogurt, for adults. And wild fruits and nuts are favorite snacks for the Nuer. The Nuer also have a culture of counting only older members of the family. They believe that counting the number of children one has could result in misfortune and prefer to report fewer children than they have.

① 주로 Nile River Valley에 거주한다.
② 소와 관련된 다양한 용어를 가지고 있다.
③ 자신들이 기르는 소의 이름으로 불리는 것을 선호한다.
④ 가장 일반적인 일상 음식은 유제품이다.
⑤ 어린 자녀의 수를 세는 것이 행운을 가져온다고 믿는다.

2) 비법 적용

The Nuer are one of the largest ethnic groups in South Sudan, primarily residing in the Nile River Valley.

☞ ❶ Nuer 족은 주로 Nile River Valley에 거주함

They have various terms related to cattle, so they can distinguish between hundreds of types of cows, based on color, markings, and shape of horns.

☞ ❷ 소와 관련된 다양한 용어가 있음

They prefer to be called by the names of the cattle they raise.

☞ ❸ Nuer 족은 자신이 기르는 소의 이름으로 불리는 것을 선호함

The commonest daily foods for the Nuer are dairy products, especially milk for the young and soured milk, like yogurt, for adults. And wild fruits and nuts are favorite snacks for the Nuer.

☞ ❹ Nuer 족에게 가장 일반적인 일상 음식은 유제품임

The Nuer also have a culture of counting only older members of the family. They believe that counting the number of children one has could result in misfortune and prefer to report fewer children than they have.

☞ ❺ 그들은 어떤 사람이 가진 아이의 수를 세는 것은 불운을 가져온다고 믿음

① 주로 Nile River Valley에 거주한다.
② 소와 관련된 다양한 용어를 가지고 있다.
③ 자신들이 기르는 소의 이름으로 불리는 것을 선호한다.
④ 가장 일반적인 일상 음식은 유제품이다.
⑤ 어린 자녀의 수를 세는 것이 행운을 가져온다고 믿는다. → 불일치

3) 오답의 모든 것

① 첫 번째 문장에서 Nuer족은 주로 Nile River Valley에 거주한다(primarily residing in)는 내용과 일치하므로 오답 보기
② 두 번째 문장에서 Nuer 족은 소와 관련된 다양한 용어(various terms related to cattle)를 가지고 있다는 내용과 일치하므로 오답 보기
③ 세 번째 문장에서 Nuer 족은 자신이 기르는 소의 이름으로 불리는 것을 선호한다(prefer)는 내용과 일치하므로 오답 보기
④ 네 번째 문장에서 Nuer 족에게 가장 일반적인 일상 음식은 유제품(dairy products)이라는 내용과 일치하므로 오답 보기
⑤ 마지막 문장에서 Nuer 족은 아이의 수를 세는 것은 **'불운(misfortune)을 가져온다'**고 진술하고 있으므로, '행운을 가져온다'는 선택지의 내용은 이와 일치하지 않는 정답 보기

(3) 실전 연습 문제

정답과 해설 70쪽

1. Mae C. Jemison에 관한 다음 글의 내용과 일치하지 않는 것은?

[2018 고1 3월 전국연합 28번]

Mae C. Jemison was named the first black woman astronaut in 1987. On September 12, 1992, she boarded the space shuttle Endeavor as a science mission specialist on the historic eightday flight. Jemison left the National Aeronautic and Space Administration (NASA) in 1993. She was a professor of Environmental Studies at Dartmouth College from 1995 to 2002. Jemison was born in Decatur, Alabama, and moved to Chicago with her family when she was three years old. She graduated from Stanford University in 1977 with a degree in chemical engineering and AfroAmerican studies. Jemison received her medical degree from Cornell Medical School in 1981.

① 1992년에 우주 왕복선에 탑승했다.

② 1993년에 NASA를 떠났다.

③ Dartmouth 대학의 환경학과 교수였다.

④ 세 살 때 가족과 함께 Chicago로 이주했다.

⑤ Stanford 대학에서 의학 학위를 받았다.

어휘 Box (모르는 어휘와 표현을 아래에 정리하고 해설을 통해 복습하세요.)

비법 적용 Box (앞에서 배운 비법을 스스로 문장에 적용하고 해설과 비교해 보세요.)

2. Shirley Chisholm에 관한 다음 글의 내용과 일치하지 않는 것은?

[2019 고1 3월 전국연합 25번]

Shirley Chisholm was born in Brooklyn, New York in 1924. Chisholm spent part of her childhood in Barbados with her grandmother. Shirley attended Brooklyn College and majored in sociology. After graduating from Brooklyn College in 1946, she began her career as a teacher and went on to earn a master's degree in elementary education from Columbia University. In 1968, Shirley Chisholm became the United States' first African-American congresswoman. She spoke out for civil rights, women's rights, and poor people. Shirley Chisholm was against the American involvement in the Vietnam War and the expansion of weapon developments.

① 어린 시절에 할머니와 함께 지낸 적이 있다.

② Brooklyn 대학에서 사회학을 전공했다.

③ 대학 졸업 후 교사로 일하기 시작했다.

④ 미국 최초의 아프리카계 미국인 여성 하원 의원이었다.

⑤ 미국의 베트남 전쟁 개입을 지지했다

어휘 Box (모르는 어휘와 표현을 아래에 정리하고 해설을 통해 복습하세요.)

비법 적용 Box (앞에서 배운 비법을 스스로 문장에 적용하고 해설과 비교해 보세요.)

3. Christiaan Huygens에 관한 다음 글의 내용과 일치하지 않는 것은?

[2020 고2 3월 전국연합 26번]

Dutch mathematician and astronomer Christiaan Huygens was born in The Hague in 1629. He studied law and mathematics at his university, and then devoted some time to his own research, initially in mathematics but then also in optics, working on telescopes and grinding his own lenses. Huygens visited England several times, and met Isaac Newton in 1689. In addition to his work on light, Huygens had studied forces and motion, but he did not accept Newton's law of universal gravitation. Huygens' wideranging achievements included some of the most accurate clocks of his time, the result of his work on pendulums. His astronomical work, carried out using his own telescopes, included the discovery of Titan, the largest of Saturn's moons, and the first correct description of Saturn's rings.

*pendulum: 시계추

① 대학에서 법과 수학을 공부했다.

② 1689년에 뉴턴을 만났다.

③ 뉴턴의 만유인력 법칙을 받아들였다.

④ 당대의 가장 정확한 시계 중 몇몇이 업적에 포함되었다.

⑤ 자신의 망원경을 사용하여 천문학 연구를 수행했다

어휘 Box (모르는 어휘와 표현을 아래에 정리하고 해설을 통해 복습하세요.)

비법 적용 Box (앞에서 배운 비법을 스스로 문장에 적용하고 해설과 비교해 보세요.)

(4) 고난도 연습 문제

정답과 해설 76쪽

***Frank Hyneman Knight에 관한 다음 글의 내용과 일치하지 않는 것은?**

[2021학년도 수능 26번]

Frank Hyneman Knight was one of the most influential economists of the twentieth century. After obtaining his Ph. D. in 1916 at Cornell University, Knight taught at Cornell, the University of Iowa, and the University of Chicago. Knight spent most of his career at the University of Chicago. Some of his students at Chicago later received the Nobel Prize. Knight is known as the author of the book *Risk, Uncertainty and Profit,* a study of the role of the entrepreneur in economic life. He also wrote a brief introduction to economics entitled *The Economic Organization*, which became a classic of microeconomic theory. But Knight was much more than an economist; he was also a social philosopher. Later in his career, Knight developed his theories of freedom, democracy, and ethics. After retiring in 1952, Knight remained active in teaching and writing.

*entrepreneur: 기업가

① 20세기의 가장 영향력 있는 경제학자들 중 한 명이었다.
② 경력의 대부분을 University of Chicago에서 보냈다.
③ 그의 학생들 중 몇 명은 나중에 노벨상을 받았다.
④ *Risk, Uncertainty and Profit* 의 저자로 알려져 있다.
⑤ 은퇴 후에는 가르치는 일은 하지 않고 글 쓰는 일에 전념했다.

어휘 Box (모르는 어휘와 표현을 아래에 정리하고 해설을 통해 복습하세요.)

비법 적용 Box (앞에서 배운 비법을 스스로 문장에 적용하고 해설과 비교해 보세요.)

2 실용문

유형 풀이 비법 선택지 순서대로 읽으며 세부 정보와 지칭 대상에 주의해 정답을 빠르게 파악하자!

실용문 유형 풀이 비법 3가지

☞ 비법1) **선택지 순서대로** 실용문 읽기	– 우선 문제가 '일치하는' 것을 묻는지 '일치하지 않는' 것을 묻는지를 확인한다. – 실용문의 내용은 선택지의 순서대로 배열되어 있다. – 각 선택지에 해당하는 정보를 지문에서 신속히 찾은 후, 선택지에 O 또는 X표시하며 읽는다. – 실용문 유형의 정답은 보통 후반부에 위치하는 경우가 많으므로, 선택지 ⑤번부터 확인해 시간을 절약한다.
☞ 비법2) **세부 정보** 꼼꼼히 확인하기	**i. 부정어(no, not, never…)가 있는 경우** – 부정어가 있는 경우 긍정 · 부정 여부를 꼼꼼히 확인한다. (예시: <u>No</u> extra fee is required. → 부정어 'no'가 있으므로, 추가 요금이 요구되지 않는다. 여기서 'required'만 보고 추가 요금이 요구된다고 해석하지 않도록 주의!) **ii. 범위 제한의 어구(all, every, any, each, only, few…)가 있는 경우** – 범위 제한의 어구가 있는 경우 글에서 지칭하는 대상의 범위가 어디까지인지를 꼼꼼히 확인한다. (예시: <u>Only</u> the adults who watch sports regularly can answer the survey. → 범위 제한의 어구 'only'가 있으므로, <u>스포츠를 규칙적으로 보는 성인만</u> 설문에 답할 수 있다. 여기서 'adults'만 보고 모든 성인이 설문에 답할 수 있고 해석하지 않도록 주의!) **iii. 특정 단어로 대상을 지칭하는 경우** – 글에서 특정 단어가 지칭하는 대상이 선택지에서 지칭하는 대상과 동일한지 정확히 확인한다. (예시: participants 참가자 ≠ winners 우승자) **iv. 구체적인 수치가 제시되는 경우** – 글에서 제시된 수치가 선택지에 제시된 수치와 일치하는지를 정확히 확인한다. (예시: Time: 4 p.m. – 7 p.m. → 3시간 동안 진행된다.)
☞ 비법3) **상식 · 배경지식** 활용하지 않기	– 글의 내용과 선택지의 일치 여부를 판단할 때 자신의 상식이나 배경지식을 통해 판단하지 않도록 유의한다. 실용문 문제에서는 반드시 글에 언급된 정보만으로 일치 여부를 확인하도록 한다.

(1) 비법 연습 문제

정답과 해설 78쪽

* 글에서 발췌한 다음 안내문의 내용과 일치하면 T, 일치하지 않으면 F를 괄호 안에 써 넣으시오.

1)

Fee	Use
• Free for the first 30 minutes	• Choose a bike and scan the QR code on the bike. • Helmets are not provided.

① 처음 30분은 무료이다. ( )

② 자전거의 QR 코드를 스캔해서 이용한다. ( )

③ 헬멧이 제공된다. ( )

2)

• **Topics to Be Covered**: - Lighting Techniques - Special Effects	• **Level**: Beginner • Class size is limited to eight, so don't delay!

① 다루는 주제 중 하나는 특수 효과이다. ( )

② 중급자 수준이다. ( )

③ 수강 학생 수에는 제한이 없다. ( )

3)

• **Bedding (pillows, blankets, or mattress covers)**
Worn or torn is fine, but no oil stains are allowed.

• **Electronics (computers, laptops, or cell phones)**
All data on the device must be deleted.

※ **Note**: If an item isn't accepted, please be prepared to take it home.
There is no place for you to drop off garbage.

① 해지거나 찢어진 침구류도 기부할 수 있다. ( )

② 전자 기기에 저장된 모든 정보는 삭제되어야 한다. ( )

③ 기부 물품 접수가 거절되면 현장에서 버릴 수 있다. ( )

(2) 기출 연습 문제

정답과 해설 79쪽

1) 문제 풀이

[2020 고2 11월 전국연합 28번]

* Sign Language Class에 관한 다음 안내문의 내용과 일치하는 것은?

Sign Language Class

If you've ever considered studying sign language, our class is one of the best ways to do it! The class is open to people of all ages, but all children must be accompanied by an adult.

Class Schedule

- Where: Coorparoo Community Center
- When: September - October, 2020
  (7:00p.m. - 9:00p.m.)

Levels

- Class #1 (Monday and Tuesday)
  - No previous sign language experience is required.
- Class #2 (Wednesday and Thursday)
  - Knowledge of at least 1,000 signs is required.

Note

- Tuition is $100.
- We do not provide refunds unless class is cancelled due to low registration.
- Registration is available only online and before August 31.

Visit our website at www.CRsignlgs.com.

① 어린이들도 어른 동반 없이 참여할 수 있다.
② 수업은 주 3일 진행된다.
③ 수화 경험이 없어도 참여할 수 있는 수업이 있다.
④ 환불은 예외 없이 불가능하다.
⑤ 현장 등록이 가능하다.

2) 비법적용

Sign Language Class

If you've ever considered studying sign language, our class is one of the best ways to do it! The class is open to people of all ages, but all children must be accompanied by an adult.

☞ 비법2) 범위 제한의 어구에 유의: 모든 어린이는 반드시 어른과 동반해야 한다. (① = 오답)

Class Schedule

- Where: Coorparoo Community Center
- When: September - October, 2020
  (7:00p.m. - 9:00p.m.)

Levels

- Class #1 (Monday and Tuesday)
  - No previous sign language experience is required.

  ☞ **비법2) 부정어구에 유의: 수화 경험이 없어도 참여 가능한 수업이 있다. (③ = 정답)**
- Class #2 (Wednesday and Thursday)
  - Knowledge of at least 1,000 signs is required.

  ☞ Class #1은 월화, Class #2는 수목으로, 수업은 주 4일 진행된다. (② = 오답)

Note

- Tuition is $100.
- We do not provide refunds unless class is cancelled due to low registration.

  ☞ 비법2) 부정어구에 유의: 등록 미달로 수업이 취소된 경우가 아니면 환급은 안 된다. (④ = 오답)
- Registration is available only online and before August 31.

  ☞ 비법2) 범위 제한의 어구에 유의: 오직 온라인 등록만 가능하다. (⑤ = 오답)

Visit our website at www.CRsignlgs.com.

3) 오답의 모든 것

① 어린이들도 어른 동반 없이 참여할 수 있다. (불일치)
▶ 어린이는 반드시 어른과 동반해야하므로 불일치 오답 보기

② 수업은 주 3일 진행된다. (불일치)
▶ 수업은 주 4일 진행되므로 불일치 오답 보기

③ 수화 경험이 없어도 참여할 수 있는 수업이 있다. (일치)
▶ Class #1에서 '**No previous sign language experience is required.**' 부분과 일치하는 정답 보기

④ 환불은 예외 없이 불가능하다. (불일치)
▶ 등록 미달 시, 환급이 가능하므로 불일치 오답 보기

⑤ 현장 등록이 가능하다. (불일치)
▶ 오직 온라인 등록만 가능하므로 불일치 오답 보기

(3) 실전 연습 문제

정답과 해설 80쪽

1. 2020 Student Building Block Competition에 관한 다음 안내문의 내용과 일치하지 <u>않는</u> 것은?

[2020 고1 11월 전국연합 27번]

2020 Student Building Block Competition

Students in every grade will compete to build the most creative and livable structure made out of blocks!

When & Where
- 2 p.m. - 4 p.m. Saturday, November 21
- Green Valley Elementary School Gym

Rules
- All building projects must be completed on site with supplied blocks only.
- Participants are not allowed to receive outside assistance.

Gifts & Prizes
- All the participants receive a T-shirt.
- One winner from each grade group wins ＄100 and a medal.

Sign up
- Participation is FREE!
- Email jeremywilson@greenvalley.org by November 15.
  (Registration on site is not available.)

① 초등학교 체육관에서 열린다.

② 제공되는 블록을 사용해야 한다.

③ 외부의 도움 없이 작품을 완성해야 한다.

④ 우승자에게 상금과 메달을 준다.

⑤ 현장에서 등록하는 것이 가능하다

2. Crystal Castle Fireworks에 관한 다음 안내문의 내용과 일치하는 것은?

[2020 고1 11월 전국연합 28번]

Crystal Castle Fireworks

Come and enjoy the biggest fireworks display in the South West of England!

Dates: 5th & 6th December, 2020

Location: Crystal Castle, 132 Oak Street

Time: 15:00 – 16:00 Live Music Show
16:30 – 17:30 Maze Garden
18:00 – 18:30 Fireworks Display

Parking: Free car park opens at 13:00.

Note: Any child aged 12 or under must be accompanied by an adult.
All tickets must be reserved beforehand on our website www.crystalcastle.com.

① 영국의 북부 지역에서 가장 큰 불꽃놀이이다.
② 라이브 음악 쇼가 불꽃놀이 이후에 진행된다.
③ 불꽃놀이는 1시간 동안 진행된다.
④ 주차장은 오후 1시부터 유료로 이용 가능하다.
⑤ 12세 이하의 아동은 성인과 동행해야 한다.

어휘 Box (모르는 어휘와 표현을 아래에 정리하고 해설을 통해 복습하세요.)

비법 적용 Box (앞에서 배운 비법을 스스로 문장에 적용하고 해설과 비교해 보세요.)

3. 2020 GameCoding Workshop에 관한 다음 안내문의 내용과 일치하지 <u>않는</u> 것은?

[2020 고2 9월 전국연합 27번]

2020 Game-Coding Workshop

Turn your children's love for computer games into a skill. This gamecoding workshop will teach them to use blockbased coding software to create their own games!

□ **Date & Time**

- Saturday, December 12th, 1:00 pm to 3:00 pm

□ **Registration**

- Closes Friday, November 27th
- Participation fee is $30 (free for Lansing Kids Club members).
- Sign up in person at Kid's Coding Center or online at www.lanskidscoding.com.

□ **Requirements**

- Open only to children 9 to 12 years old
- Laptops will not be provided. Participants must bring their own.
- No prior coding knowledge is required.

Please visit our website for more information.

① 토요일 오후에 진행된다.
② Lansing 키즈 클럽 회원은 참가비가 무료이다.
③ 온라인 등록이 가능하다.
④ 참가자들에게 노트북 컴퓨터가 제공된다.
⑤ 코딩에 대한 사전 지식이 필요 없다.

✐ **어휘 Box** (모르는 어휘와 표현을 아래에 정리하고 해설을 통해 복습하세요.)

✐ **비법 적용 Box** (앞에서 배운 비법을 스스로 문장에 적용하고 해설과 비교해 보세요.)

(4) 고난도 연습 문제

정답과 해설 86쪽

***Pottery Painting Event에 관한 다음 안내문의 내용과 일치하지 않는 것은?**

[2020 고3 10월 전국연합 27번]

Pottery Painting Event

Instructors from OPaint Pottery Studio will be traveling to our school for a fun family event of pottery painting!

All students and family members are welcome to paint. Please bring the whole family!

Event Information

- Time: 6 p.m. - 8 p.m. Friday, October 30, 2020
- Choice of pottery: mug, plate, vase (Choose one.)
- Fee: $10 per person ($2 will be donated to Waine Library.)

*After painting, pottery will be fired and returned within one week.
*All materials/paints are 100% nontoxic.

① O-Paint Pottery Studio의 강사가 학교에 와서 진행한다.
② 금요일 저녁에 2시간 동안 진행된다.
③ 도자기 품목 세 가지 중 하나를 선택할 수 있다.
④ 참가비 중 절반이 Waine 도서관에 기부된다.
⑤ 도자기를 구운 후 참가자에게 돌려준다.

어휘 Box (모르는 어휘와 표현을 아래에 정리하고 해설을 통해 복습하세요.)

비법 적용 Box (앞에서 배운 비법을 스스로 문장에 적용하고 해설과 비교해 보세요.)

3 도표

유형 풀이 비법 도표의 다양한 정보들을 신속하게 종합해 정답을 파악하자!

도표 유형 풀이 비법 3가지

☞ 비법1) **도표의 제목, X축과 Y축, 글의 첫 문장** 읽고 개요 파악하기	☞ 비법2) 시간 절약을 위해 **선택지 ⑤번**부터 확인하기	☞ 비법3) **도표 관련 어휘/표현** 미리 숙지하기
The graph/table/figure/chart above shows ___★___.	도표 문제는 정답이 후반부에 나오는 경우가 많으므로 ⑤번부터 확인한다.	도표를 이해하는 데 필요한 표현들을 머릿속에 넣어둔다.

i	분수/퍼센트	one(a) fourth = ¼ two fifths = ⅖ three quarters = ¾	one fifth = 20% one out of four = 25% nine out of ten = 90% three quarters = 75%	half an hour = 30분
ii	원급/비교급/최상급	as low as not as high as	twice as high as five times higher than	the highest/lowest the third most ~ the second least ~
iii	증가/감소/변화 없음	grow, rise, go up, soar, increase, multiply	fall, drop, decline, decrease, reduce	remain unchanged, be equal, be constant
iv	증감의 정도	sharply, dramatically, rapidly, drastically	slightly, gradually, steadily	
v	대상 간 비교	– a rate/proportion of A to B (A대 B의 비율) – A out of B (B중에서 A) – A accounts for 35% of B / A makes up 35% of B (A는 B의 35%를 차지한다) – A is followed by B (A 다음에 B가 나온다)		

(1) 비법 연습 문제

정답과 해설 88쪽

1) 문제 풀이

[2020 고2 3월 전국연합 25번]

* 다음 도표를 묘사한 문장에서 옳은 문장은 O에, 틀린 문장은 X에 표시하시오.

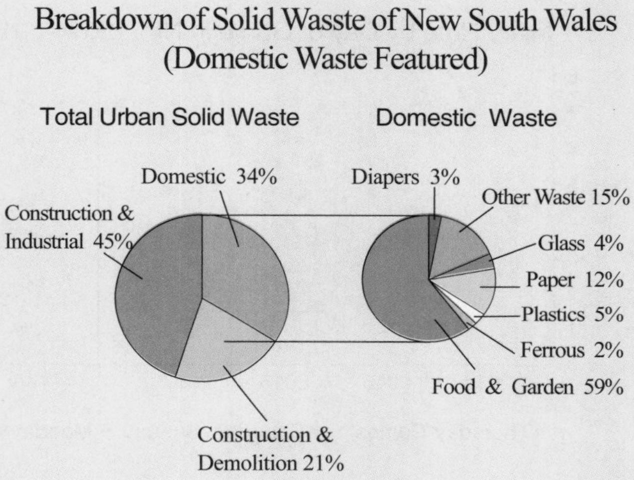

1) The percentage of Commercial & Industrial is more than twice as high as that of Domestic. (O/X)

2) The Domestic category makes up about a third of Total Urban Solid Waste. (O/X)

3) Of Domestic Waste, Food & Garden accounts for the highest percentage. (O/X)

4) Other Waste is 15% of Domestic Waste, which is five times higher than the percentage of Plastics. (O/X)

(2) 기출 연습 문제

정답과 해설 88쪽

1) 문제 풀이

[2020 고2 3월 전국연합 25번]

* 다음 도표의 내용과 일치하지 않는 것은?

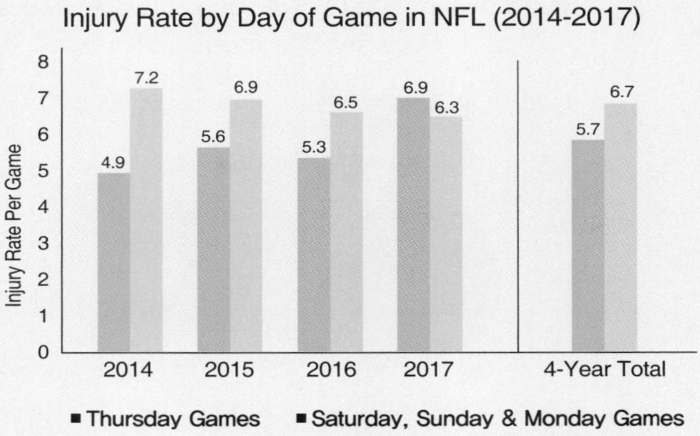

The above graph shows the injury rate by day of game in the National Football League (NFL) from 2014 to 2017. ① The injury rate of Thursday games was the lowest in 2014 and the highest in 2017. ② The injury rate of Saturday, Sunday and Monday games decreased steadily from 2014 to 2017. ③ In all the years except 2017, the injury rate of Thursday games was lower than that of Saturday, Sunday and Monday games. ④ The gap between the injury rate of Thursday games and that of Saturday, Sunday and Monday games was the largest in 2014 and the smallest in 2017. ⑤ In two years out of the four, the injury rate of Thursday games was higher than that of the 4year total.

2) 비법적용

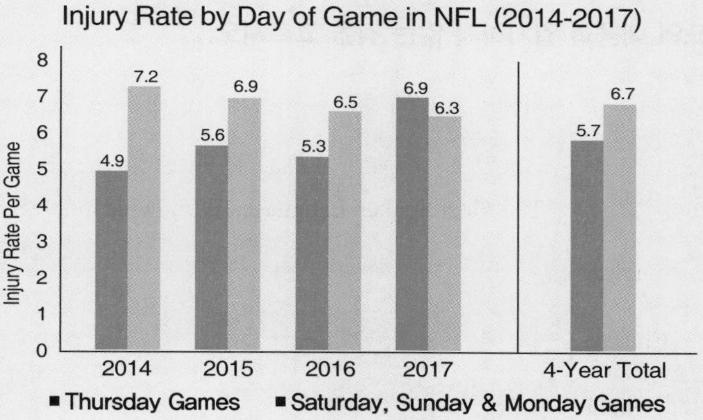

The above graph shows <u>the injury rate by day of game in the National Football League (NFL) from 2014 to 2017</u>.

☞ 비법1) 도표 제목, X축/Y축, 첫 문장 읽고 개요 파악: <u>2014–17년 내셔널 풋볼리그 경기의 요일별 부상률</u>

① The injury rate of Thursday games was <u>the lowest</u> in 2014 and the highest in 2017. ② The injury rate of Saturday, Sunday and Monday games <u>decreased</u> <u>steadily</u> from 2014 to 2017. ③ In all the years except 2017, the injury rate of Thursday games was <u>lower than</u> that of Saturday, Sunday and Monday games. ④ The gap between the injury rate of Thursday games and that of Saturday, Sunday and Monday games was <u>the largest</u> in 2014 and <u>the smallest</u> in 2017.

☞ 비법3) 도표관련 어휘/표현을 숙지하며 나머지 선택지들도 도표와 일치하는지 확인

⑤ <u>In two years</u> out of the four, the injury rate of Thursday games was higher than that of the 4 year total.

☞ 비법2) 시간 절약을 위해 선택지 5번부터 먼저 읽기: 각 연도별 목요일 게임의 부상률 4.9, 5.6, 5.3, 6.9 중 4년간의 목요일 게임 부상률 5.7보다 높은 년도는 <u>한 해(2017년) 뿐이었음</u>

3) 오답의 모든 것

① 목요일 경기 부상률은 2014년에 가장 낮았고 2017년에 가장 높았다. (O)
② 토요일, 일요일 그리고 월요일 경기 부상률은 2014년부터 2017년까지 꾸준히 감소하였다. (O)
③ 2017년을 제외한 모든 해에 목요일 경기 부상률이 토/일/월요일 경기 부상률보다 더 낮았다. (O)
④ 목요일 경기 부상률과 토/일/월요일 경기 부상률 간 차이는 2014년에 가장 컸고 2017년에 가장 작았다. (O)
⑤ 4년 중 두 해에, 목요일 경기 부상률이 4년 전체의 목요일 경기 부상률보다 더 높았다. (X) **▶목요일 경기 부상률이 4년 전체의 목요일 경기 부상률보다 더 높은 해는 2017년 한 해 뿐임**

(3) 실전 연습 문제

정답과 해설 89쪽

*** 다음 도표의 내용과 일치하지 않는 것을 고르시오.**

1.

[2020 고1 3월 전국연합 25번]

The Most Spoken Languages Worldwide in 2015

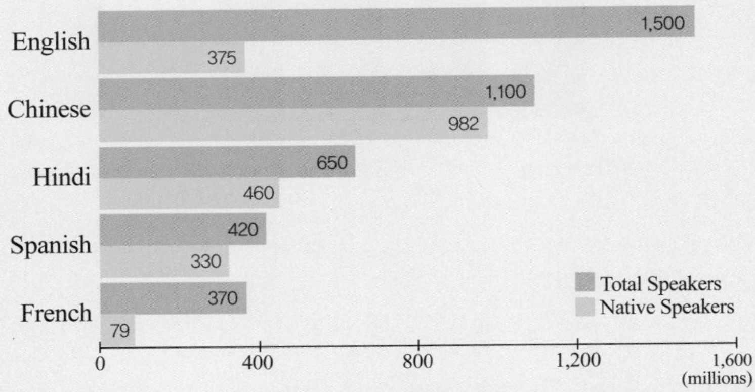

*Note: Total Speakers = Native Speakers + Non-native Speakers

The above graph shows the numbers of total speakers and native speakers of the five most spoken languages worldwide in 2015. ① English is the most spoken language worldwide, with 1,500 million total speakers. ② Chinese is second on the list with 1,100 million total speakers. ③ In terms of the number of native speakers, however, Chinese is the most spoken language worldwide, followed by Hindi. ④ The number of native speakers of English is smaller than that of Spanish. ⑤ French is the least spoken language among the five in terms of the number of native speakers.

✐ **어휘 Box** (모르는 어휘와 표현을 아래에 정리하고 해설을 통해 복습하세요.)

✐ **비법 적용 Box** (앞에서 배운 비법을 스스로 문장에 적용하고 해설과 비교해 보세요.)

2.

[2019 고2 3월 전국연합 24번]

Natural Disasters by Region, 2014

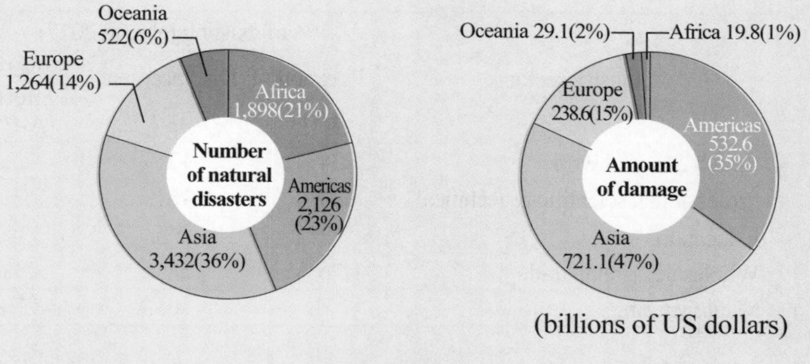

The two pie charts above show the number of natural disasters and the amount of damage by region in 2014. ① The number of natural disasters in Asia was the largest of all five regions and accounted for 36 percent, which was more than twice the percentage of Europe. ② Americas had the second largest number of natural disasters, taking up 23 percent. ③ The number of natural disasters in Oceania was the smallest and less than a third of that in Africa. ④ The amount of damage in Asia was the largest and more than the combined amount of Americas and Europe. ⑤ Africa had the least amount of damage even though it ranked third in the number of natural disasters.

✐ 어휘 Box (모르는 어휘와 표현을 아래에 정리하고 해설을 통해 복습하세요.)

✐ 비법 적용 Box (앞에서 배운 비법을 스스로 문장에 적용하고 해설과 비교해 보세요.)

3.

[2020 고3 3월 전국연합 25번]

Estimated Job Creation and Displacement from AI in the U.K. by 2037

Industry sector	% of existing jobs (in 2017)		
	Creation (A)	Displacement (B)	Net effect (A-B)
Health & social work	34%	12%	22%
Professional, scientific & technical	33%	18%	15%
Education	12%	5%	7%
Wholesale & retail trade	26%	28%	-2%
Manufacturing	5%	30%	-35%

The table above shows percentage estimates of the job creation and displacement from Artificial Intelligence (AI) in five industry sectors in the U.K. by 2037 compared with existing jobs in 2017. ① The health & social work sector is estimated to undergo job creation of more than 30%, with a positive net effect of 22%. ② The manufacturing sector is anticipated to suffer a displacement of 30% of its existing jobs in 2017 with only 5% of job creation. ③ More than one in four jobs in 2017 are estimated to be displaced in the wholesale & retail trade sector. ④ The percentage of job creation in the professional, scientific & technical sector is estimated to be more than double that of job displacement in the same sector. ⑤ The job creation percentage of the education sector is projected to be higher than that of the manufacturing sector.

*displacement: 대체, 해고

✐ **어휘 Box** (모르는 어휘와 표현을 아래에 정리하고 해설을 통해 복습하세요.)

✐ **비법 적용 Box** (앞에서 배운 비법을 스스로 문장에 적용하고 해설과 비교해 보세요.)

(4) 고난도 연습 문제

정답과 해설 95쪽

*** 다음 도표의 내용과 일치하지 않는 것을 고르시오.**

[2021학년도 수능 25번]

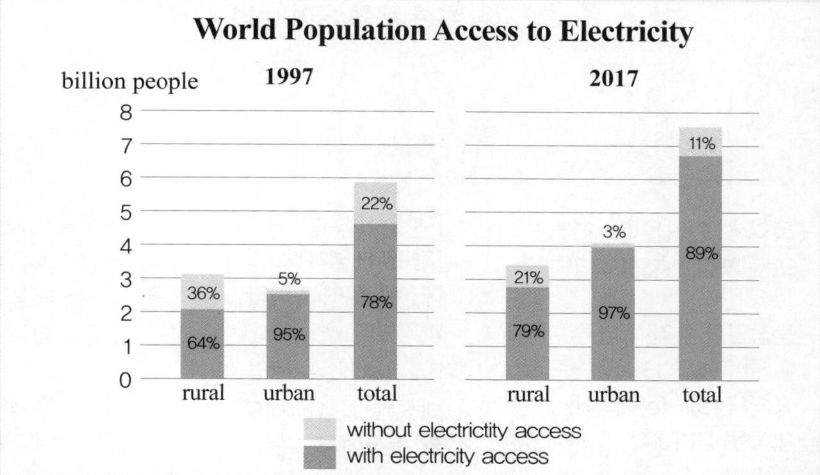

The above graph shows the world population access to electricity in 1997 and in 2017. ① The percentage of the total world population with electricity access in 2017 was 11 percentage points higher than that in 1997. ② Both in 1997 and in 2017, less than 80% of the rural population had access to electricity while over 90% of the urban population had access to electricity. ③ In 1997, 36% of the rural population did not have electricity access while 5% of the urban population did not have access to electricity. ④ The percentage of the rural population without electricity access in 2017 was 20 percentage points lower than that in 1997. ⑤ The percentage of the urban population without electricity access decreased from 5% in 1997 to 3% in 2017.

✐ **어휘 Box** (모르는 어휘와 표현을 아래에 정리하고 해설을 통해 복습하세요.)

✐ **비법 적용 Box** (앞에서 배운 비법을 스스로 문장에 적용하고 해설과 비교해 보세요.)

4 지칭 추론

유형 풀이 비법 첫 단락에서 등장인물과 배경을 파악하고, 명확한 지칭 대상을 찾아 정답을 선택하자!

지칭 추론 유형 풀이 비법 3가지

☞ 비법1) 등장인물 파악하기	☞ 비법2) 지칭 대상 파악하기	☞ 비법3) 소유격 주의하기
– 글의 첫 단락을 통해 **배경** 또는 **핵심 소재**를 파악한다. – **등장인물**을 각각 다른 이니셜(예시: Haley → H)로 표시해 **(a)~(e)에 나올 대상을 정리**한다.	– **[대명사]** 또는 **[정관사+명사]**의 지칭 대상을 **문맥에 따라 파악**한다. – (a)~(e)가 가리키는 대상은 최대한 **바로 앞 문장에서** 찾는다.	– 자주 출제되는 오답의 함정인 **소유격이** 포함될 때 지칭대상을 헷갈리지 않도록 특히 주의한다. – [예시: his brother ≠ his] 밑줄이 어디까지인지 확인

Felix, the high schooler, had to take online classes in his room. Five-year-old Sean, who normally went to kindergarten, was sneaking around in the house playing home policeman. (a) The kindergartener wanted to know what his family members were up to, and was checking up on everyone.

☞ 비법1) 등장인물 파악하기: 고등학생 형 Felix / 5살 동생 Sean → (a) 유치원생 = Sean

This time, (b) the playful and curious boy was interested in his brother Felix, who committed himself to studying no matter where he was.

☞ 비법2) 지칭 대상 파악하기: 장난기 많은 그 소년 = 앞 문장의 the kindergartener → (b) = Sean

Felix was mad because (c) his little brother was bothering him.

☞ 비법2) 소유격 주의하기 → (c) his little brother = Sean

(*이 때 (c)에서 만약 his까지만 밑줄이 쳐져 있다면, 이 (c)가 지칭하는 대상은 = Felix가 됨)

(1) 비법 연습 문제

정답과 해설 97쪽

1) 다음 글을 읽고, 밑줄 친 (a)~(e)가 가리키는 대상을 빈칸에 쓰시오.

"You've been a very good girl this year, Emma. Tonight, Santa will drop by our house to leave you some presents." Martha told (a) <u>her</u> little girl, smiling. "And for you too, Fred," she added. She wanted to give her two children so much more, but this year had been especially hard for Martha. She had worked day and night to buy some Christmas gifts for her children.

That night, after everyone had gone to bed, Emma slowly climbed out of bed. She took out a page from a notebook to write a letter to Santa. She whispered to herself as she wrote. "Dear Santa, will you send a few smiles and laughs for my mother? (b) <u>She</u> doesn't laugh much. And will you send a few toys for Fred as well? Thank you." Emma folded the letter twice and sealed it within an envelope. She left the envelope outside the front door and went back to sleep.

Emma came running up to her mother the next morning. "Mommy, Santa really did come last night!" Martha smiled, thinking of the candies and cookies (c) <u>she</u> must have found in her socks. "Did you like his gifts?" "Yes, they are wonderful. Fred loves his toys, too." Martha was confused. She wondered how the candies and cookies had become toys overnight. Martha ran into Emma's room and saw a small red box that was half open. She knelt down and glanced inside to see its contents.

The box contained some toys, countless little candies and cookies. "Mommy, this is for you from Santa." Emma said holding out a card towards Martha. Puzzled, (d) <u>she</u> opened it. It said, "Dear Emma's mother. A very merry Christmas! Hi, I am Amelia. I found your child's letter blowing across the street last night. I was touched and couldn't help but respond. Please accept the gift as a Christmas greeting." Martha felt tears falling down (e) <u>her</u> cheeks. She slowly wiped them off and hugged her daughter. "Merry Christmas, Emma. Didn't I tell you Santa would come?"

(a) ________ (b) ________ (c) ________ (d) ________ (e) ________

2) (a)에서 만약 <u>her little girl</u> 까지 밑줄이 쳐져 있다면, 이 (a)가 지칭하는 대상은? ____________

(2) 기출 연습 문제

정답과 해설 98쪽

1) 문제 풀이

[2020 고1 11월 전국연합 44번]

* 밑줄 친 (a)~(e) 중에서 가리키는 대상이 나머지 넷과 다른 것은?

James Walker was a renowned wrestler and he made his living through wrestling. In his town, there was a tradition in which the leader of the town chose a day when James demonstrated his skills. The leader announced one day that James would exhibit his skills as a wrestler and asked the people if there was anyone to challenge (a) him for the prize money.

When James saw the old man, he was speechless. Like everyone else, he thought that the old man had a death wish. The old man asked James to come closer since (b) he wanted to say something to him. James moved closer and the old man whispered, "I know it is impossible for me to win but my children are starving at home. Can you lose this competition to me so I can feed them with the prize money?"

Everyone was looking around in the crowd when an old man stood up and said with a shaking voice, "I will enter the contest against (c) him." Everyone burst out laughing thinking that it was a joke. James would crush him in a minute. According to the law, the leader could not stop someone who of his own free will entered the competition, so he allowed the old man to challenge the wrestler.

James thought he had an excellent opportunity to help a man in distress. (d) He did a couple of moves so that no one would suspect that the competition was fixed. However, he did not use his full strength and allowed the old man to win. The old man was overjoyed when he received the prize money. That night James felt the most victorious (e) he had ever felt.

2) 비법적용

<u>James Walker</u> was a renowned wrestler and he made his living through wrestling. In his town, there was a tradition in which the leader of the town chose a day when James demonstrated his skills. <u>The leader</u> announced one day that James would exhibit his skills as a wrestler and asked the people if there was anyone to challenge (a) <u>him</u> for the prize money.

☞ 비법1) 등장인물 파악하기: James Walker / the leader

☞ 비법2) 지칭 대상 파악하기

→ (a) 지도자는 James가 레슬링 선수로서 기술을 보여줄 것이라고 하며, 레슬링 선수인 그에게 도전할 사람이 있는지 물었다. (a) = James

Everyone was looking around in the crowd when <u>an old man</u> stood up and said with a shaking voice, "I will enter the contest against (b) <u>him</u>." Everyone burst out laughing thinking that it was a joke. James would crush him in a minute. According to the law, the leader could not stop someone who of his own free will entered the competition, so he allowed the old man to challenge the wrestler.

☞ 비법1) 등장인물 파악하기: an old man

☞ 비법2) 지칭 대상 파악하기

→ (b) 노인이 일어나 떨리는 목소리로 자신이 그와 맞서 경기에 참여하겠다고 말했다. (b) = James

When James saw the old man, he was speechless. Like everyone else, he thought that the old man had a death wish. The old man asked James to come closer since (c) <u>he</u> wanted to say something to him. James moved closer and the old man whispered, "I know it is impossible for me to win but my children are starving at home. Can you lose this competition to me so I can feed them with the prize money?"

→ (c) 노인은 James에게 뭔가를 말하고 싶었기 James에게 가까이 와 줄 것을 청했다. (c)=an old man

James thought he had an excellent opportunity to help a man in distress. (d) <u>He</u> did a couple of moves so that no one would suspect that the competition was fixed. However, he did not use his full strength and allowed the old man to win. The old man was overjoyed when he received the prize money. That night James felt the most victorious (e) <u>he</u> had ever felt.

→ (d) James는 곤경에 처한 사람을 도울 좋은 기회를 얻었다고 생각하고, 그는 아무도 의심하지 못하도록 몇 가지 동작을 했다. (d) = James

→ (e) James는 그가 이제껏 느껴보지 못한 승리감을 느꼈다. (e) = James

3) 오답의 모든 것

① (a) <u>him</u>	▶지도자는 상금을 위해 레슬링 선수인 <u>그(James)</u>에게 도전할 사람이 있는지 물었다.
② (b) <u>him</u>	▶노인이 일어나 떨리는 목소리로 "내가 <u>그(James)</u>와 맞서 경기에 참여하겠소."라고 말했다.
③ (c) <u>he</u>	▶노인은 제임스에게 가까이 와 줄 것을 청했는데, **<u>그</u>**는 James에게 뭔가를 말하고 싶었기 때문이다. 여기서 그는 **<u>노인(an old man)을 가리키므로</u>** 다른 대상을 지칭하는 정답 보기!
④ (d) <u>He</u>	▶제임스는 곤경에 처한 사람을 도울 좋은 기회를 얻었다고 생각하고, <u>그(James)</u>는 시합(결과)이 정해졌다고 의심하지 못하도록 몇 가지 동작을 했다.
⑤ (e) <u>he</u>	▶노인은 상금을 받았고, 그날 밤 <u>그(James)</u>는 여태껏 느꼈던 중 가장 큰 승리감을 느꼈다.

(3) 실전 연습 문제

정답과 해설 99쪽

*** 밑줄 친 (a)~(e) 중에서 가리키는 대상이 나머지 넷과 <u>다른</u> 것을 고르시오.**

1.

[2020 고1 9월 전국연합 44번]

A merchant in a small town had identical twin sons. The boys worked for their father in the store he owned and when he died, they took over the store. Everything went well until the day a twentydollar bill disappeared. One of the brothers had left the bill on the counter and walked outside with a friend. When he returned, the money was gone. (a) <u>He</u> asked his older brother, "Did you see that twentydollar bill on the counter?"

His older brother replied that he had not. But (b) <u>the young man</u> kept questioning him. "Twentydollar bills just don't get up and walk away! Surely you must have seen it!" There was subtle accusation in (c) <u>his</u> voice. Anger began to rise. Hatred set in. Before long, bitterness divided the twins. They refused to speak. They finally decided they could no longer work together and a dividing wall was built down the center of the store. For twenty years the hostility grew, spreading to their families and the community.

Then one day a man from another state stopped by the store. He walked in and asked the younger brother, "How long have you been here?" (d) <u>He</u> replied that he'd been there all his life. The customer said, "Twenty years ago I came into this town in a boxcar. I hadn't eaten for three days. I came into this store and saw a twentydollar bill on the counter. I put it in my pocket and walked out. All these years I haven't been able to forgive myself. So I had to come back to return it."

The customer was amazed to see tears well up in the eyes of the man. "Would you please go next door and tell that same story to (e) <u>the man</u> in the store?" the younger brother said. Then the customer was even more amazed to see the two middleaged men hugging each other and weeping together in the front of the store. After twenty years, the brokenness was repaired. The wall of anger that divided them came down.

① (a) ② (b) ③ (c) ④ (d) ⑤ (e)

2.

[2020 고2 9월 전국연합 44번]

I was on a train in Switzerland. The train came to a stop, and the conductor's voice over the loudspeaker delivered a message in German, then Italian, then French. I had made the mistake of not learning any of those languages before my vacation. After the announcement, everyone started getting off the train, and an old woman saw I was confused and stressed. (a) <u>She</u> came up to me.

She spoke some English, and she told me that an accident had happened on the tracks. She asked me where I was trying to get to, then she got off the train and went to a woman in the ticket booth. The old woman got a rail map and timetable from (b) <u>her</u> and came back to tell me that we'd have to hop trains three or four times to get there. I was really glad (c) <u>she</u> was headed the same way because it would have been hopeless for me to figure it out on my own.

So we went from one train station to the next, getting to know each other along the way. It was a 2.5hour journey in total, and when we finally made it to the destination, we got off and said our goodbyes. I had made it just in time to catch my train to Rome, and she told me she had a train to catch too. I asked (d) <u>her</u> how much farther she had to go, and it turned out her home was two hours back the other way.

She had jumped from train to train and traveled the whole way just to make sure I made it. "You are the nicest person I've ever met," I said. She smiled gently and hugged me and told me I'd better hurry off so I wouldn't miss my train. This woman spent her entire day sitting on trains taking (e) <u>her</u> hours away from her home just to help out a confused tourist visiting her country. No matter how many countries I visit or sites I see, I always say the most beautiful country in the world is Switzerland.

① (a) ② (b) ③ (c) ④ (d) ⑤ (e)

3.

[2020 고2 6월 전국연합 44번]

Maria Sutton was a social worker in a place where the average income was very low. Many of Maria's clients had lost their jobs when the coal industry in a nearby town collapsed. Every Christmas season, knowing how much children loved presents at Christmas, Maria tried to arrange a special visit from Santa Claus for one family. Alice, the seven–year–old daughter of Maria, was very enthusiastic about helping with (a) <u>her</u> mother's Christmas event.

This year's lucky family was a 25–year–old mother named Karen and her 3–year–old son, who she was raising by herself. However, things went wrong. Two weeks before Christmas Day, a representative from a local organization called Maria to say that the aid she had requested for Karen had fallen through. No Santa Claus. No presents. Maria saw the cheer disappear from Alice's face at the news. After hearing this, (b) <u>she</u> ran to her room.

When Alice returned, her face was set with determination. She counted out the coins from her piggy bank: $4.30. "Mom," she told Maria, "(c) <u>I</u> know it's not much. But maybe this will buy a present for the kid." Maria gave her daughter a lovely hug. The next day, Maria told her coworkers about her daughter's latest project. To (d) <u>her</u> surprise, staff members began to open their purses. The story of Alice's gift had spread beyond Maria's office, and Maria was able to raise $300—plenty for a Christmas gift for Karen and her son.

On Christmas Eve, Maria and Alice visited Karen's house with Christmas gifts. When Karen opened the door, Maria and Alice wished the astonished woman a merry Christmas. Then Alice began to unload the gifts from the car, handing them to Karen one by one. Karen laughed in disbelief, and said she hoped she would one day be able to do something similar for someone else in need. On her way home, Maria said to Alice, "God multiplied (e) <u>your</u> gift."

① (a) ② (b) ③ (c) ④ (d) ⑤ (e)

(4) 고난도 연습 문제

정답과 해설 108쪽

[2020 고3 9월 모의평가 44번]

The children arrived at sunrise at their grandmother's house. They always gathered at this time of year to assist with her corn harvest. In return, their grandmother would reward them with a present and by cooking a delicious feast. The children were all in great spirits. But not Sally. She disliked working in the corn field as she hated the heat and the dust. (a) <u>She</u> sat silently as the others took a sack each and then sang their way to the field.

They reached the field and started to work happily. Soon after, Sally joined them with her sack. Around mid-morning, their grandmother came with ice-cold lemonade and peach pie. After finishing, the children continued working until the sun was high and their sacks were bursting. Each child had to make three trips to the granary. Grandmother was impressed by their efforts and (b) <u>she</u> wanted to give them presents accordingly.

Sally just wanted to get her present and leave the field because she was starting to get hot and feel irritated. (c) <u>She</u> had only filled her sack twice, but the others were now taking their third sacks to the granary. Sally sighed heavily. Then an idea struck her. To make the sack lighter and speed things up, she quickly filled her last sack with corn stalks. Sally reached the granary first, and her grandmother asked (d) <u>her</u> to put aside the final load and write her name on it.

Grandmother asked the other children to do the same thing. Then, all of the children enjoyed their grandmother's delicious lunch. "I am so pleased with your work," she told them after lunch. "This year, you can all take home your final load as a present!" The children cheered for joy, gladly thanked her, and lifted their sacks to take home. Sally was terribly disappointed. There was nothing but useless corn stalks in (e) <u>her</u> sack. She then made the long walk home, pretending that she was carrying a heavy load.

*granary: 곡물창고 **stalk: 줄기

① (a) ② (b) ③ (c) ④ (d) ⑤ (e)

영어 오답의 모든것 3

고등학교 영어 오답의 모든 것

<3. 핵심독해편> : 뼈때리는 핵심독해

초판 1쇄 발행 2021년 4월 30일

지은이 정동완 김표 홍하은 양성민 정지현
펴낸이 꿈구두
펴낸곳 꿈구두
디자인 맨디 디자인

출판등록 2019년 5월 16일, 제 2019-000010호
블로그 https://blog.naver.com/edu-atoz
이메일 edu-atoz@naver.com
밴드 네이버밴드 <오늘과 내일의 학교>

ISBN 979-11-91607-00-0

책값은 표지 뒤쪽에 있습니다.
파본은 구입하신 서점에서 교환해드립니다.

영어 오답의 모든것 3

정답과 해설

뼈때리는 핵심독해

꿈구두

영어 오답의 모든것 3

정답과 해설

뼈때리는 핵심독해

꿈구두

영어오답의 모든 것

③ 뼈때리는 핵심독해

[핵심편] 해설 목차

Ⅰ 글의 전개 방식

1 주제문의 위치에 따른 글의 전개

2 중심내용 서술방식에 따른 글의 전개

Ⅱ 독해 유형 연습

1 글의 중심내용 관련 독해 유형

2 글의 세부내용 관련 독해 유형

영어오답의 모든 것!

I 글의 전개 방식

1 주제문의 위치에 따른 글의 전개

2 중심내용 서술방식에 따른 글의 전개

Part I

글의 전개 방식

1 주제문의 위치에 따른 글의 전개

1 두괄식

(3) 기출 연습 문제

정답

본문 12쪽

[*Problem framing* amounts to defining *what* problem you are proposing to solve. This is a critical activity because the frame you choose strongly influences your understanding of the problem, thereby conditioning your approach to solving it.]

For an illustration, consider Thibodeau and Broditsky's series of experiments in which they asked people for ways to reduce crime in a community. They found that the respondents' suggestions changed significantly depending on whether the metaphor used to describe crime was as a virus or as a beast. People presented with a metaphor comparing crime to a virus invading their city emphasized prevention and addressing the root causes of the problem, such as eliminating poverty and improving education. On the other hand, people presented with the beast metaphor focused on remediations: increasing the size of the police force and prisons.

해석

'문제 구조화'는 여러분이 어떤 문제를 해결하려고 하는지 정의하는 것에 해당한다. 여러분이 선택하는 구조가 그 문제에 대한 여러분의 이해에 강하게 영향을 미치며, 그로 인해 그것을 해결하는 여러분의 접근 방식을 결정하기 때문에 이것은 중대한 활동이다. 하나의 예로 사람들에게 지역사회 내의 범죄를 줄이는 방법을 물어본 Thibodeau와 Broditsky의 일련의 실험에 대해 생각해 보라. 그들은 범죄를 묘사하는 데 사용된 은유가 바이러스였는지 혹은 짐승이었는지에 따라 응답자들의 제안이 크게 달라진다는 것을 발견했다. 범죄를 자신들의 도시에 침입하는 바이러스에 비유하는 은유를 제공받은 사람들은 빈곤을 없애고 교육을 향상시키는 것 같은, 예방과 문제의 근본 원인 해결을 강조했다. 반면에, 짐승의 은유를 제공받은 사람들은 경찰력과 교도소의 규모를 늘리는 것, 즉 교정 조치에 초점을 맞추었다.

주요 어휘 및 표현

framing 구조화
amount to ~에 해당하다, 마찬가지이다
condition 결정하다, 좌우하다
illustration 실례, 예
metaphor 은유
root cause 근본 원인
eliminate 제거하다
remediation 교정, 조치

(3) 기출 연습 문제

정답

본문 14쪽

The objective of battle, to "throw" the enemy and to make him defenseless, may temporarily blind commanders and even strategists to the larger purpose of war. War is never an isolated act, nor is it ever only one decision. **[In the real world, war's larger purpose is always a political purpose.]** It transcends the use of force. This insight was famously captured by Clausewitz's most famous phrase, "War is a mere continuation of politics by other means." To be political, a political entity or a representative of a political entity, whatever its constitutional form, has to have an intention, a will. That intention has to be clearly expressed. And one side's will has to be transmitted to the enemy at some point during the confrontation (it does not have to be publicly communicated). A violent act and its larger political intention must also be attributed to one side at some point during the confrontation. History does not know of acts of war without eventual attribution.

해석

전투의 목표, 즉 적군을 '격멸하고' 무방비 상태로 만드는 것은 일시적으로 지휘관과 심지어 전략가까지도 전쟁의 더 큰 목적을 보지 못하게 할 수도 있다. 전쟁은 결코 고립된 행위가 아니며, 또한 결코 단 하나의 결정도 아니다. 현실 세계에서 전쟁의 더 큰 목적은 항상 정치적 목적이다. 그것은 물리력의 사용을 초월한다. 이 통찰은 "전쟁은 다른 수단으로 단지 정치를 계속하는 것에 불과하다."라고 한 Clausewitz의 가장 유명한 한마디에 의해 멋지게 포착되었다. 정치적으로 되려면, 정치적 실체나 정치적 실체의 대표자는, 체제상의 형태가 무엇이든지, 의도, 즉 의지가 있어야 한다. 그 의도는 분명히 표현되어야 한다. 그리고 한쪽의 의지는 대치하는 동안 어느 시점에 적에게 전달되어야 한다(그것이 공개적으로 전달될 필요는 없다). 폭력 행위와 그것의 더 큰 정치적 의도 또한 대치하는 동안 어느 시점에 한쪽의 탓으로 돌려져야 한다. 역사는 궁극적인 귀인이 없는 전쟁 행위에 대해 알지 못한다.

주요 어휘 및 표현

temporarily 일시적으로, 임시로
commander 지휘관, 사령관, 중령
strategist 전략가
isolated 고립된
transcend 초월하다
famously 유명하게
capture 붙잡다, 점유하다
mere 한낱 ~에 불과한
continuation 계속, 지속
entity 독립체, 실체
representative 대표자
constitutional 헌법의
intention 의도, 의사
confrontation 직면, 대립
publicly 공개적으로
attribution 귀속

(3) 기출 연습 문제

정답

본문 16쪽

If you were at a social gathering in a large building and you overheard someone say that "the roof is on fire," what would be your reaction? Until you knew more information, your first inclination might be toward safety and survival. But if you were to find out that this particular person was talking about a song called "The Roof Is on Fire," your feelings of threat and danger would be diminished. So once the additional facts are understood—that the person was referring to a song and not a real fire—the context is better understood and you are in a better position to judge and react. All too often people react far too quickly and emotionally over information without establishing context. **[It is so important for us to identify context related to information because if we fail to do so, we may judge and react too quickly.]**

해석

여러분이 큰 건물에서 사교 모임에 있고 누군가가 '지붕이 불타고 있어'라고 말하는 것을 우연히 듣게 된다면, 여러분의 반응은 무엇일까? 여러분이 더 많은 정보를 알 때까지, 여러분의 맨 처음 마음은 안전과 생존을 향할 것이다. 그러나 여러분이 이 특정한 사람이 '지붕이 불타고 있어'라고 불리는 노래에 관해 이야기하고 있다는 것을 알게 된다면, 여러분의 우려와 위험의 느낌은 줄어들 것이다. 그러므로 그 사람이 진짜 화재가 아니라 노래를 언급하고 있다는 추가적인 사실이 일단 이해되면, 맥락이 더 잘 이해되고 여러분은 판단하고 반응할 더 나은 위치에 있게 된다. 너무 자주 사람들은 맥락을 규명하지 않은 채 정보에 대해 지나치게 성급하고 감정적으로 반응한다. 우리가 정보와 관련된 맥락을 확인하는 것이 매우 중요한데, 만약 우리가 그렇게 하지 않는다면 우리는 너무 성급하게 판단하고 반응할 수 있기 때문이다.

주요 어휘 및 표현

social gathering 친목회, 사교 모임
inclination 의향, 성향, 경향
particular 특정한
threat 위협
diminish 줄어들다, 약해지다
context 맥락, 전후 사정
refer ~를 언급하다, 나타내다
establish 확고히 하다, 공고히 하다

(3) 기출 연습 문제

정답

본문 18쪽

[There is always the possibility that in the future other scientists will discover an even older model of the same invention in a different part of the world.] In fact, we are forever discovering the history of ancient inventions. An example of this is the invention of pottery. For many years archaeologists believed that pottery was first invented in the Near East (around modern Iran) where they had found pots dating back to 9,000 B.C. In the 1960s, however, older pots from 10,000 B.C. were found on Honshu Island, Japan. **[There is always a possibility that in the future archaeologists will find even older pots somewhere else.]**

해석

미래에 다른 과학자들이 세계의 다른 곳에서 똑같은 발명품의 훨씬 더 오래된 모형을 발견할 가능성이 항상 존재한다. 사실 우리는 고대 발명품들의 역사를 계속해서 발견하고 있다. 이것의 한 예는 도자기라는 발명품이다. 수 년 동안 고고학자들은 그들이 기원전 9,000년으로 거슬러 올라가는 도자기를 발견한 근동지역(현대의 이란 근처)에서 도자기가 처음 발명되었다고 믿었다. 그러나, 1960년대에 기원전 10,000년의 더 오래된 도자기가 일본의 혼슈섬에서 발견되었다. 미래에 고고학자들이 어딘가에서 훨씬 더 오래된 도자기를 발견할 가능성은 언제나 존재한다.

주요 어휘 및 표현

possibility 가능성
invention 발명
ancient 고대의
pottery 도자기
archaeologist 고고학자
date back to (시기 등이) ~ 까지 거슬러 올라가다

2 중심내용 서술방식에 따른 글의 전개

1 대조

(3) 기출 연습 문제

정답

본문 22쪽

In **collectivist groups**❶, there is considerable emphasis on relationships, the maintenance of harmony, and "sticking with" the group. Members of **collectivist groups**❶ are socialized to avoid conflict, to empathize with others, and to avoid drawing attention to themselves.

In contrast, members of **individualist cultures**❷ tend to define themselves in terms of their independence from groups and autonomy and are socialized to value individual freedoms and individual expressions. In **individualist cultures**❷, standing out and being different is often seen as a sign of courage.

해석

집단주의 집단에서는, 관계, 화합의 유지, 그리고 그 집단 '안에 머무는 것'을 상당히 강조한다. 집단주의 집단의 구성원은 갈등을 피하고, 다른 사람들과 공감하며, 자신들로 관심을 끄는 것을 피하도록 사회화되어 있다. 그에 반해서, 개인주의 문화의 구성원은 집단으로부터의 독립과 자율의 관점에서 자신들을 규정짓는 경향이 있으며 개인의 자유와 개인의 표현을 중시하도록 사회화되어 있다. 개인주의 문화에서는, 튀는 것과 남다른 것이 흔히 용기의 표시로 여겨진다.

주요 어휘 및 표현

collectivist 집단주의자, 집단주의의
considerable 상당한
emphasis 강조, 강조점
maintenance 유지, 지속
stick with ~와 함께 있다
socialize 사회화시키다
empathize with 마음으로부터 공감하다
autonomy 자주성, 자율성
individualist 개인주의자, 개인주의의
stand out 눈에 띄다, 두드러지다

2 설명

정답

본문 24쪽

"You are what you eat." That phrase is often used to show the relationship between the foods you eat and your physical health. But do you really know what you are eating when you buy processed foods, canned foods, and packaged goods? Many of the manufactured products made today contain so many chemicals and artificial ingredients that it is sometimes difficult to know exactly what is inside them. **[Fortunately, now there are food labels, which are a good way to find the information about the foods you eat.]** ❶ Labels on food are like the table of contents found in books. ❷ The main purpose of food labels is to inform you what is inside the food you are purchasing.

해석

'먹는 것이 여러분을 만든다.' 그 구절은 흔히 여러분이 먹는 음식과 여러분의 신체 건강 사이의 관계를 보여주기 위해 사용된다. 하지만 여러분은 가공식품, 통조림 식품, 포장 판매 식품을 살 때 자신이 무엇을 먹고 있는 것인지 정말 아는가? 오늘날 만들어진 제조식품 중 다수가 너무 많은 화학물질과 인공적인 재료를 함유하고 있어서 때로는 정확히 그 안에 무엇이 들어 있는지 알기가 어렵다. 다행히도, 이제는 식품 라벨이 있다. 식품 라벨은 여러분이 먹는 식품에 관한 정보를 알아내는 좋은 방법이다. 식품 라벨은 책에서 볼 수 있는 목차와 같다. 식품 라벨의 주된 목적은 여러분이 구입하고 있는 식품 안에 무엇이 들어 있는지 여러분에게 알려주는 것이다.

주요 어휘 및 표현

phrase 구절
relationship 관계
processed food 가공식품
canned food 통조림 식품
chemical 화학물질
artificial 인공적인
ingredient 재료
food label 식품 (영양 성분) 라벨

(3) 기출 연습 문제

정답

본문 26쪽

In the 20th century, average life expectancy in the United States rose by nearly 30 years. The vast majority of that increase is credited to **advances in public health**, rather than advances in medical care, and **legal interventions** played a critical role in these advances.

결 원 원

For example, requirements that children be vaccinated before they attend school played a central role in reducing occurrence of vaccinepreventable diseases. Smallpox and polio, which were once feared and deadly diseases, were eliminated from the Western Hemisphere (with smallpox eliminated worldwide), while the number of new measles cases dropped from more than 300,000 in 1950 to fewer than 100 in 2000.

해석

20세기 미국에서 평균 수명은 거의 30년이 늘어났다. 그러한 증가는 대부분 의료의 발전 때문이라기보다는 공중 보건의 발전 때문이며, 법적 개입이 이러한 발전에 결정적인 역할을 했다. 예를 들어, 어린이들이 학교에 입학하기 전 예방 접종을 받아야 한다는 (법적인) 요구 사항은 예방 접종으로 막을 수 있는 질병의 발생을 줄이는 데 중심적인 역할을 했다. 천연두와 소아마비는, 한때 두려움의 대상이었고 치명적인 질병이었지만, 서반구에서 퇴치되었고(천연두는 전 세계적으로 퇴치되었다), 새로 홍역에 걸린 환자 수는 1950년 30만 명 이상에서 2000년 100명 이하로 떨어졌다.

주요 어휘 및 표현

life expectancy (기대) 수명
credit (공적 등을) ~에 돌리다
advance 발전, 진보, 향상
public health 공중 보건
critical 결정적인, 중대한
requirement 요구 사항, 필요 조건
vaccinate 예방 접종을 하다
occurrence 발생
preventable 예방할 수 있는
smallpox 천연두
deadly 치명적인, 죽음의
eliminate 퇴치하다, 제거하다
hemisphere (지구, 천체의) 반구
case 환자, 병증

(3) 기출 연습 문제

정답

본문 28쪽

We say that "honesty" and "open communication" are the foundational values of any strong relationship. But think of how many times you've **<u>lied to a potential romantic partner</u>** ❶ in order to make the person feel better about himself or herself. Likewise, every parent knows that **<u>lying to their kids</u>** ❷ about everything from the arrival of Santa Claus to the horrible things that will happen if they don't eat their peas is a key component of raising a child. As one author put it, "If you want to have love in your life, you'd better be prepared to tell some lies and to believe some lies."

해석

우리는 '정직'과 '열린 의사소통'이 어떤 굳건한 관계에서도 기본적인 가치라고 말한다. 하지만 여러분이 잠재적 연인에게 그 사람이 자신에 대해 기분이 더 좋을 수 있도록 얼마나 여러 번 거짓말했는지에 대해 생각해 보라. 마찬가지로, 모든 부모는 산타클로스가 오는 것에서부터 만약에 아이들이 완두콩을 먹지 않는다면 발생할 수 있는 끔찍한 것들까지의 모든 것에 대해 아이들에게 거짓말하는 것이 아이 양육에 있어서 중요한 요소라는 것을 알고 있다. 한 작가가 말했듯이 '만약 여러분의 삶에서 사랑을 원한다면, 여러분은 어느 정도의 거짓말을 하는 것과 어느 정도의 거짓말을 믿을 준비를 하는 편이 나을 것이다.'

주요 어휘 및 표현

foundational 기본의, 기초적인
value 가치
potential 잠재적인
romantic partner 연인, 연애 상대
peas 완두류
component 요소, 부품

(3) 기출 연습 문제

정답

본문 30쪽

Quality **[questions]** are one way that teachers can check students' understanding of the text. **[Questions]** can also promote students' search for evidence and their need to return to the text to deepen their understanding. Teachers take an active role in developing and deepening students' comprehension by asking **[questions]** that cause them to read the text again, resulting in multiple readings of the same text. In other words, these text-based **[questions]** provide students with a purpose for rereading, which is critical for understanding complex texts.

해석

양질의 질문은 교사가 학생의 텍스트에 대한 이해를 확인할 수 있는 한 가지 방법이다. 질문은 또한 학생들의 이해를 심화시키기 위해 그들의 증거 탐색과 텍스트로 되돌아가야 할 필요를 촉진할 수 있다. 학생이 텍스트를 다시 읽게 하는 질문을 던져서 결국 동일한 텍스트를 여러 번 읽게 함으로써 학생의 이해를 진전시키고 심화시키는 데 있어 교사는 적극적인 역할을 한다. 다시 말해서, 텍스트에 근거한 질문은 학생에게 다시 읽어야 하는 목적을 제공해 주고, 이것은 어려운 텍스트를 이해하는 데 있어 중요하다.

주요 어휘 및 표현

quality 양질의
promote 촉진하다
evidence 증거
deepen 심화시키다
comprehension 이해
result in 결국 ~하게 되다
multiple 여러 번의
purpose 목적

(3) 기출 연습 문제

정답

본문 32쪽

[Two major kinds of age-related structural changes occur in the eye.] ❶ One is a decrease in the amount of light that passes through the eye, resulting in the need for more light to do tasks such as reading. As you might suspect, this change is one reason why older adults do not see as well in the dark, which may account in part for their reluctance to go places at night. … ❷ In addition, our ability to adjust to changes in illumination, called adaptation, declines. Going from outside into a darkened movie theater involves dark adaptation; going back outside involves light adaptation. Research indicates that the time it takes for both types of adaptation increases with age.

해석

나이와 관련된 주요한 두 종류의 구조적 변화가 눈에서 일어난다. 한 가지는 눈을 통과하는 빛의 양의 감소인데, 이것은 독서와 같은 일을 하기 위해서는 더 많은 빛이 필요하게 만든다. 여러분이 추측할 수 있는 것처럼, 이 변화가 노인들이 어둠 속에서 그만큼 잘 보지 못하는 한 가지 이유인데, 그것이 부분적으로는 그들이 밤에 돌아다니기를 꺼리는 이유를 설명해 줄 수 있다. … 게다가 순응이라 불리는, 조도의 변화에 적응하는 우리의 능력은 쇠퇴한다. 외부에서 캄캄해진 영화관으로 들어가는 것은 암(暗)순응과 관련이 있고, 외부로 다시 나가는 것은 명(明)순응과 관련이 있다. 연구는 두 가지 유형 모두 순응에 걸리는 시간이 나이가 들면서 증가한다는 것을 보여 준다.

주요 어휘 및 표현

structural 구조적인
result in ～을 일으키다
suspect 추측하다
account ～의 이유를 설명하다
reluctance 꺼림
go places 돌아다니다
involve ～와 관련이 있다
adaptation 순응

(3) 기출 연습 문제

정답

본문 34쪽

[④] – [①] – [③] – [②]

해석

Alexander Young Jackson은 1882년에 Montreal의 한 가난한 가정에서 태어났다. 그가 어렸을 때 그의 아버지는 그들을 저버렸고, A. Y.는 12살 때 그의 형제와 자매를 부양하는 것을 돕기 위해 일을 해야만 했다. 인쇄소에서 일을 하면서 그는 미술에 관심을 가지게 되었고, 신선하고 새로운 방식으로 풍경을 그리기 시작했다. 그는 계속 그림을 그리고, 여행을 하고, 전시회를 열었고, 1974년 82세의 나이로 사망할 무렵에 A. Y. Jackson은 천재 화가이자 현대 풍경화의 개척자로 인정받았다.

주요 어휘 및 표현

be born to ~에서 태어나다
abandon 저버리다
support (가족을) 부양하다
print shop 인쇄소
landscape 풍경
exhibit 전시회를 열다
acknowledge 인정하다
pioneer 개척자, 선구자

(3) 기출 연습 문제

정답

본문 36쪽

[One night, I opened the door that led to the second floor, noting that the hallway light was off.] I thought nothing of it because I knew there was a light switch next to the stairs that I could turn on. What happened next was something that chilled my blood. When I put my foot down on the first step, I felt a movement under the stairs. My eyes were drawn to the darkness beneath them. Once I realized something strange was happening, my heart started beating fast. Suddenly, I saw a hand reach out from between the steps and grab my ankle. I let out a terrifying scream that could be heard all the way down the block, but nobody answered!

해석

어느 날 밤, 나는 2층으로 이르는 문을 열었고, 복도 전등이 꺼진 것을 알아차렸다. 내가 켤 수 있는 전등 스위치가 계단 옆에 있다는 것을 알았기 때문에 나는 그것에 대해 아무렇지 않게 생각했다. 다음에 일어난 일은 내 간담을 서늘하게 한 어떤 것이었다. 첫 칸에 발을 내디뎠을 때, 나는 계단 아래에서 어떤 움직임을 느꼈다. 내 눈은 계단 아래의 어둠에 이끌렸다. 일단 이상한 어떤 일이 일어나고 있다는 것을 깨닫자, 내 심장은 빠르게 뛰기 시작했다. 갑자기, 나는 손 하나가 계단 사이로부터 뻗어 나와서 내 발목을 잡는 것을 보았다. 나는 그 구역을 따라 쭉 들릴 수 있는 무시무시한 비명을 질렀지만, 아무도 대답하지 않았다!

주요 어휘 및 표현

aroma 향기
excite 자극하다
in the form of ~의 형태로
molecule 분자
drift 떠다니다, 떠돌다
detect 감지하다

영어오답의
모든 것!

Ⅱ 독해 유형 연습

1 글의 중심내용 관련 독해 유형

2 글의 세부내용 관련 독해 유형

Part
Ⅱ
독해 유형 연습

1 글의 중심내용 관련 독해 유형

1 글의 요지

(1) 비법 연습 문제

정답

본문 43쪽

1) ③ 2) ② 3) ③

해석

1) 이제 여러분의 완벽주의를 놓아 줄 때이다. 그것(완벽주의)은 여러분을 꼼짝 못하게 하는 걸림돌이 된다.

2) 사람들은 서비스의 가치를 서비스를 지불하기 위해 교환되는 돈의 양과 연결시킨다. 무료 상담, 무료 업그레이드, 무료 입장은 가치가 없다.

3) 대부분의 사람들은 도움과 손해 모두 우리 자신 안에서 나온다는 것을 깨닫지 못한다. 반면에 현명한 사람들은 자신이 우리에게 좋거나 나쁜 모든 것의 근원이라는 것을 알고 있다.

주요 어휘 및 표현

let go of~ ~를 (손에서) 놓아주다
perfectionism 완벽주의
stumbling block 장애물(= obstacle)
exchange 교환하다
entry 입장, 출입
source 원천, 근원

(2) 기출 연습 문제

정답

본문 44쪽

[①]

해석

Jacqueline Olds 교수에 따르면, 외로운 환자들이 친구를 사귈 수 있는 한 가지 확실한 방법이 있는데, 공동의 목적을 가진 집단에 가입하는 것이다. 이것은 외로운 사람들에게는 어려운 일일지도 모르지만, 연구에 따르면 그것은 도움이 될 수 있다. 여러 연구는 자원 봉사와 같이 다른 사람에게 도움이 되는 일을 하는 사람이 더 행복한 경향이 있다는 것을 보여 준다. 자원봉사자들은 다른 사람들을 도와주면서 자신들의 사회적 관계망을 풍부하게 하는 데서 만족감을 (얻는다고) 말한다. 자원봉사는 두 가지 방식으로 외로움을 감소시키는 데 도움이 된다. 우선, 외로운 사람은 다른 사람을 도와주는 일로부터 혜택을 받을지도 모른다. 또한 그들은 자신들의 사회적 관계망을 형성하는 데 지지와 도움을 얻게 되는 자원봉사 프로그램에 참여하는 것으로부터 혜택을 받을지도 모른다.

주요 어휘 및 표현

according to ~에 따르면
patient 환자
shared 공동의, 공유되는
reveal 보여 주다, 드러내다
be engaged in ~을 하다
volunteer 자원봉사하다, 자원봉사자
tend to ~하는 경향이 있다
sense of satisfaction 만족감
enrich 풍부하게 하다
reduce 줄이다
benefit from ~로부터 혜택을 받다
be involved in ~에 참여하다

(3) 실전 연습 문제

정답

본문 46쪽

[②]

해석

전문가들은 사람들에게 "승강기 대신 계단을 이용하거나 직장까지 걷거나 자전거를 타라"라고 조언한다. 그것들은 좋은 전략으로, 계단을 오르는 것은 좋은 운동이 되고, 이동 수단으로써 걷거나 자전거를 타는 사람들은 대개 신체적 활동에 대한 필요를 충족시킨다. 하지만 많은 사람은 자신의 환경에서 그러한 선택을 가로막는 장벽에 부딪힌다. 안전한 인도 혹은 표시된 자전거 차선이 없거나, 차량이 빠르게 지나가거나, 또는 공기가 오염된 도로에서 걷거나 자전거를 타는 것을 선택하는 사람은 거의 없을 것이다. 현대식 건물에서 불편하고 안전하지 않은, 계단이 포함된 건물의 수직 공간에서 계단을 오르는 것을 선택하는 사람은 거의 없을 것이다. 이와는 대조적으로, 안전한 자전거 도로와 산책로, 공원, 자유롭게 이용할 수 있는 운동 시설이 있는 동네에 사는 사람들은 자주 그것들을 사용하는데, 그들의 주변 환경이 신체 활동을 장려한다.

비법적용

Experts advise people to "take the stairs instead of the elevator" or "walk or bike to work." These are good strategies:climbing stairs provides a good workout, and people who walk or ride a bicycle for transportation most often meet their needs for physical activity. 〈글의 서술방식: 두괄〉

☞ 비법1) 글의 전반부 → 핵심 소재 파악: 계단 오르기, 걷기, 자전거타기 = 운동이 되며, 신체적 활동에 대한 필요를 충족시킴

Many people, however (대조 연결사), face barriers in their environment that prevent such choices. Few people would choose to walk or bike on ❶ roadways that lack safe sidewalks or marked bicycle lanes, ❷ where vehicles speed by, or where the air is polluted. Few would choose to walk up stairs ❸ in inconvenient and unsafe stairwells in modern buildings. 〈글의 서술방식: 대조〉

☞ 비법2) 글 전반부와 상반되는 예시 등장: 계단 오르기, 걷기, 자전거타기를 선택하지 않게 하는 장벽들 = ❶ 안전한 인도나 표시된 자전거 차선이 없는 도로, ❷ 차량이 빠르게 지나가거나 공기가 오염된 도로, ❸ 현대식 건물의 불편하고 위험한 계단

In contrast (대조 연결사), people living in neighborhoods with safe biking and walking lanes, public parks, and freely available exercise facilities use them often—their surroundings encourage physical activity.

☞ 비법3) 글 중반부와 상반되는 예시 등장: 안전한 자전거 도로와 산책로, 공원, 운동 시설이 갖춰진 곳에서는 이것들이 자주 사용되어 → 신체 활동을 장려함

※ 글의 요지 1)2)3) 종합: **환경(도로, 산책로, 계단, 공원, 운동시설)이 잘 갖추어지지 않은 곳에서는 신체 활동을 선택하기 어려우며, 반대로 환경이 잘 갖추어진 곳에서는 신체 활동이 활발히 장려된다.**

오답의 모든 것

① 자연환경을 훼손시키면서까지 운동 시설을 만들어서는 안 된다.
▶본문의 'environment(환경)', 'exercise facilities(운동 시설)' 표현을 활용한 오답 보기

② 일상에서의 운동 가능 여부는 주변 여건의 영향을 받는다.
▶**'환경이 잘 갖추어진 곳에서는 신체 활동이 활발히 장려된다'**와 가장 유사!

③ 운동을 위한 시간과 공간을 따로 정해 놓을 필요가 있다.
▶공간 관련 표현(building, public parks)이 일부 나왔으나 본문의 요지로서는 거리가 먼 오답 보기

④ 자신의 건강 상태를 고려하여 운동량을 계획해야 한다.
▶운동의 일반적인 특징을 활용한 오답 보기

⑤ 짧더라도 규칙적으로 운동하는 것이 건강에 좋다.
▶운동의 일반적인 특징을 활용한 오답 보기

주요 어휘 및 표현

expert 전문가
instead of ~ 대신에
strategy 전략
workout 운동
transportation 이동 수단
face 직면하다
barrier 장벽, 장애
prevent 막다, 방해하다
lack ~이 없다, ~이 부족하다
sidewalk 인도, 보도
marked 표시가 된, 뚜렷한
lane 차선, 통로, 길
vehicle 차량
speed by 빠르게 지나가다
inconvenient 불편한
neighborhood 동네, 근처, 이웃
facility 시설
surroundings 주변 환경

정답

본문 47쪽

2. [⑤]

해석

어떤 경기든 둘 이상이 참여하는 경기를 하는 것은 아이들에게 팀워크, 속임수 사용의 결과, 그리고 경기에 이기든 지든 훌륭한 팀플레이어가 되는 방법을 가르쳐 준다. 그런 기술이 아이들의 일상생활 속으로 어떻게 형성되어 들어가는지 확인하는 것은 어렵지 않다. 하지만 우리가 아이들에게 가르치기를 희망하는 모든 것들처럼, 협력하거나 정정당당하게 경쟁하는 것을 배우는 것은 연습이 필요하다. 인간은 본래 지는 것을 잘하지 못하므로, 눈물, 고함, 그리고 속임수가 있을 테지만, 그것은 괜찮다. 요점은 함께 경기를 하는 것은 아이들의 사회화에 도움을 준다는 것이다. 그것은 아이들에게 사이좋게 지내기, 규칙 준수하기, 그리고 패배 시 멋진 모습을 보이는 방법 배우기를 연습할 안전한 장소를 제공한다.

비법적용

Playing any game that involves more than one person teaches kids **teamwork, the consequences of cheating, and how to be a good team player** whether they win or lose.
〈글의 전개방식: 양괄〉

☞ 비법1) 글의 전반부 → 핵심 소재 파악: 여러 명과 함께하는 경기

☞ 주제문: **여러 명과 함께하는 경기**는 아이들에게 **팀워크**, **속임수 사용의 결과**, **훌륭한 팀플레이어가 되는 법**을 가르침

It's not hard to see how those skills make it into the daily lives of kids.

☞ 비법2) 주제문에 대한 부연 ❶: 이런 기술들은 쉽게 아이들의 일상생활 속에 나타난다.

But like all things we hope to teach our children, learning to cooperate or to compete fairly takes practice.
대조 연결사

☞ 비법2) 주제문에 대한 부연 ❷: 공정한 협동/경쟁을 배우기 위해서는 연습이 필요하다.

Humans aren't naturally good at losing, so there will be tears, yelling, and cheating, but that's okay. The point is, **playing games together helps kids with their socialization**. It allows them a safe place to practice getting along, following rules, and learning how to be graceful in defeat. 〈글의 전개방식: 양괄〉

☞ 비법3) 글의 후반부 → 핵심 내용을 집약하는 주제문 다시 등장: **함께 경기하는 것은 사회화를 도움** (어울리는 방법, 규칙 따르기, 패배를 인정하기 등을 연습할 기회)

※ 글의 요지 1)2)3) 종합: **사람들과 함께하는 경기는 아동의 사회화를 돕는다.**

오답의 모든 것

① 경쟁과 협동은 똑같은 내적 동기에서 유발된다.

▶본문의 'compete(경쟁하다)', 'cooperate(협동하다)' 표현을 활용한 오답 보기

② 운동 후에는 충분한 휴식을 취하는 것이 중요하다.

▶운동의 일반적인 특징을 활용한 오답 보기

③ 아이들이 편히 놀 수 있는 안전한 장소가 필요하다.

▶본문 마지막 문장의 'a safe place(안전한 장소)' 표현을 활용한 오답 보기

④ 스포츠에서 심리적 요인이 점점 더 중요해지고 있다.

▶심리적 요인과 관련된 표현(tears, yelling, be graceful in defeat)이 일부 나왔으나, 사회화의 중요성을 강조하는 본문의 요지로서는 거리가 먼 오답 보기

⑤ 둘 이상이 하는 경기는 아이의 사회화에 도움을 준다.

▶**'사람들과 함께하는 경기는 아동의 사회화를 돕는다'**와 가장 유사!

주요 어휘 및 표현

involve 수반하다, 참여시키다
consequence 결과
daily life 일상
cooperate 협력하다
compete 경쟁하다
fairly 정정당당히
naturally 자연스럽게
yell 고함치다
cheat 속이다, 부정행위를 하다
socialization 사회화
graceful 품위를 지키는, 우아한
defeat 패배

정답

본문 48쪽

3. [③]

해석

파티나, 아마도 여러분이 방문해 보았던 호텔의 뷔페 테이블을 생각해 보라. 여러분은 다양한 음식이 담긴 여러 접시들을 본다. 여러분은 이러한 음식 중 많은 것을 집에서는 먹지 않기에 그것들을 모두 먹어 보기를 원한다. 그러나 그것들을 모두 먹어 보는 것은 여러분의 평상시 식사량보다 많이 먹는 것을 의미할 수 있다. 다양한 종류의 음식을 맛볼 수 있다는 것은 체중이 느는 한 가지 요인이다. 과학자들은 쥐를 통한 연구에서 이러한 행동을 봐 왔는데, 보통 한 종류의 음식을 먹을 때 한결같은 체중을 유지하는 쥐들이 초콜릿 바, 크래커, 감자 칩과 같은 다양한 열량이 높은 음식이 주어졌을 때 대단히 많은 양을 먹고 뚱뚱해진다. 인간도 마찬가지이다. 우리는 단지 한 가지 또는 두 가지 음식을 먹을 수 있을 때보다 다양한 맛있는 음식을 먹을 수 있을 때 훨씬 더 많이 먹는다.

비법적용

Think of a buffet table at a party, or perhaps at a hotel you've visited. You see <u>platter after platter of different foods</u>. You don't eat many of these foods at home, and <u>you want to try them all</u>. 〈글의 전개방식: 묘사〉

☞ 비법1) 글의 전반부 → 핵심 소재 파악: 파티나 호텔에서 **다양한 음식**들이 놓여있을 때, 우리는 그것들을 모두 **먹어 보기를 원함**

[But] trying them all might mean **<u>eating more than your usual meal size</u>**. **<u>The availability of different types of food</u>** is one factor in **<u>gaining weight</u>**.

대조 연결사

☞ 비법1) 주제문: **다양한 음식을 맛볼 수 있는 것**은 = **체중 증가**의 한 요인이다.

Scientists have seen this behavior in studies with rats: Rats that normally maintain a steady body weight when eating one type of food <u>eat huge amounts and become obese</u> when they are <u>presented with a variety of highcalorie foods</u>, such as chocolate bars, crackers, and potato chips.

☞ 비법2) 주제문을 뒷받침하는 구체적 예시: 한 실험 결과에서, 쥐들에게 다양한 고열량 음식들이 제공되었을 때 쥐들이 많이 먹고 비만이 되었음

The same is true of humans. We **<u>eat much more</u>** **<u>when a variety of goodtasting foods are available</u>** than when only one or two types of food are available.

☞ 비법3) 글의 후반부 → 핵심 내용을 집약하는 주제문 다시 등장: 인간의 경우에도, 다양한 음식들이 주어질 때 훨씬 더 많이 먹게 된다. 〈글의 전개방식: 양괄〉

※ 글의 요지 1)2)3) 종합: **다양한 음식이 주어지면 음식 섭취가 늘고 비만이 될 확률이 높다.**

오답의 모든 것

① 편식을 피하고 다양한 음식을 섭취할 필요가 있다.
▶다양한 음식을 먹는 것에 대해 경고하는 본문의 내용과 상반되는 오답 보기

② 음식 섭취와 관련된 실험 결과가 왜곡되는 경우가 있다.
▶실험(experiment)관련 내용이 일부 나왔으나 본문의 요지로서는 거리가 먼 오답 보기

③ 먹을 수 있는 음식의 종류가 많을 때 과식을 하게 된다.
▶**<u>'다양한 음식이 주어지면 음식 섭취가 늘고 비만이 될 확률이 높다</u>**'와 가장 유사!

④ 열량이 높은 음식보다 영양가가 많은 음식을 먹어야 한다.
▶본문의 'high-calorie foods(고열량 음식)' 표현을 활용한 오답 보기

⑤ 다이어트는 운동과 병행할 때 더 좋은 결과를 가져올 수 있다.
▶다이어트와 운동에 관한 일반적 특징을 활용한 오답 보기

주요 어휘 및 표현

platter 큰 접시
usual 평상시의, 보통의
availability 이용 가능성
factor 요인
gain weight 체중이 늘다
behavior 행동, 습성
rat 쥐
normally 보통, 평소에
maintain 유지하다
steady 한결같은, 꾸준한
obese 뚱뚱한, 살찐
a variety of 다양한
high-calorie 열량이 많은
be true of ~도 마찬가지이다

(4) 고난도 연습 문제

정답

본문 49쪽

정답 [①]

해석

파일 공유 서비스 이전에, 음악 앨범은 발매 전에 음악 비평가들의 손에 독점적으로 들어갔다. 이런 비평가들은 일반 대중들이 들을 수 있기 훨씬 전에 그것을 듣고 나머지 세상 사람들을 위해 자신의 비평에서 시사 평을 쓰곤 했다. 인터넷을 통해 음악을 쉽게 접할 수 있게 되고, 미리 공개된 곡들이 온라인 소셜 네트워크를 통해 퍼질 수 있게 되자, 신곡을 접할 수 있는 것이 민주화되었는데, 이는 비평가들이 더 이상 그들만이 유일하게 접근할 수 없게 되었다는 것을 의미했다. 즉, 비평가와 비전문가가 똑같이 동시에 신곡을 얻을 수 있었다. 소셜 미디어 서비스는 또한 사람들이 신곡에 대한 자신의 견해를 알리고, 자신의 소셜 미디어 약력에 자신이 좋아하는 새로운 밴드의 리스트를 작성하고, 메시지 게시판에서 신곡을 놓고 끝없이 논쟁할 수 있게 했다. 그 결과 비평가들은 이제 자신의 비평을 쓰기 전에 특정 앨범에 관한 대중의 의견을 접할 수 있었다. 그리하여 (인터넷 이전 시대에 했던 것처럼) 예술에 관한 여론을 인도하는 대신에, 음악 비평은 의식적으로든 혹은 잠재의식적으로든 여론을 반영하기 시작했다.

비법적용

Prior to file-sharing services, music albums landed exclusively in the hands of music critics before their release. These critics would listen to them well before the general public could and preview them for the rest of the world in their reviews.

☞ 비법1) 글의 전반부 → 핵심 소재 파악: 파일 공유 서비스 이전에는, 비평가들이 대중보다 먼저 음악 앨범을 듣고 비평을 씀

Once the internet made music easily accessible and allowed even advanced releases to spread through online social networks, availability of new music became democratized, which meant critics no longer had unique access. 〈글의 전개방식: 대조〉

☞ 비법2) 대조 연결사 없이 글의 전반부와 대조적인 내용이 등장: 인터넷/온라인 소셜 네트워크의 발달 → 음악에 대한 접근을 쉽게 만듦 → 비평가들이 더 이상 유일한 접근권을 갖지 못하게 됨

That is, critics and laypeople alike could obtain new music simultaneously. 〈글의 전개방식: 부연〉

재진술 연결사

☞ 비법2) 핵심 내용을 다시 강조: 비평가와 비전문가가 동시에 신곡을 얻게 됨

Social media services also enabled people to ❶ publicize their views on new songs, ❷ list their new favorite bands in their social media bios, and ❸ argue over new music endlessly on message boards.

☞ 비법2) 핵심 내용에 대한 부연: 소셜 미디어 서비스는 사람들이 ❶ 신곡에 대한 견해를 쓰고 ❷ 좋아하는 밴드의 리스트를 작성하고 ❸ 신곡에 대해 논쟁할 수 있게 함

The result was that critics now could **access the opinions of the masses** on a particular album **before writing their reviews**. 〈글의 전개방식: 인과〉

☞ 비법3) 글의 후반부 → 핵심 내용을 집약하는 주제문 등장: **비평가는 이제 비평을 쓰기 전에 대중의 의견을 접할 수 있게 됨**

Thus (인과 연결사), instead of music reviews guiding popular opinion toward art (as they did in preinternet times), **music reviews began to reflect** — consciously or subconsciously — **public opinion**. 〈글의 전개방식: 미괄〉

☞ 비법3) 핵심 내용을 다시 강조: **음악 비평**이 **대중의 의견을 반영**하게 됨

※ 글의 요지 1)2)3) 종합: **미디어의 발달로 인해, (음악 비평이 신곡에 대한 여론을 인도했던 예전과 달리) 비평가들이 대중의 의견을 반영하여 음악 비평을 쓰게 되었다.**

오답의 모든 것

① 미디어 환경의 변화로 음악 비평이 대중의 영향을 받게 되었다.

▶**'미디어의 발달로 인해 비평가들이 대중의 의견을 반영하여 음악 비평을 쓰게 되었다'**와 가장 유사!

② 인터넷의 발달로 다양한 장르의 음악을 접하는 것이 가능해졌다.

▶인터넷(internet)의 발달로 인해 신곡에 대한 접근이 용이해졌다는(availability of new music became democratized) 내용이 나왔으나, 이로 인해 음악 비평이 어떤 영향을 받았는지에 대한 내용이 빠진 오답 보기

③ 비평가의 음악 비평은 자신의 주관적인 경험을 기반으로 한다.

▶본문의 'critics(비평가)', 'reviews(비평)' 표현을 활용한 오답 보기

④ 오늘날 새로운 음악은 대중의 기호를 확인한 후에 공개된다.

▶본문의 'general public(대중)', 'release(발매)' 표현을 활용한 오답 보기

⑤ 온라인 환경의 대두로 음악 비평의 질이 전반적으로 상승하였다.

▶온라인 환경(online social networks)의 대두로 인해 음악 비평이 변화했다는 내용이 나왔으나, 음악 비평의 질 상승이라는 관련 없는 내용이 나온 오답 보기

주요 어휘 및 표현

prior to ~이전에
file-sharing service 파일 공유 서비스
exclusively 독점적으로
critic 비평가, 평론가
release 발매
preview 시사평을 쓰다
accessible 접할 수 있는
advanced 미리 공개된
availability 이용 가능성
democratize 민주화하다
obtain 얻다
simultaneously 동시에
enable ~를 가능하게 하다
publicize 알리다
bio 약력
endlessly 끊임없이
mass 일반 대중
reflect 반영하다
consciously 의식적으로
subconsciously 잠재의식적으로

2 필자의 주장

본문 51쪽

(1) 비법 연습 문제

정답

1) 얽매이지 말라 2) Organize 3) 해 주어야 한다 4) need to 5) 중요하다 6) Do not

해석

2) 가장 좋은 선택(음식)이 눈에 아주 잘 띄고 쉽게 접근 가능하도록 주방에 있는 음식을 정돈하라.

4) 아이들은 창의적이고 즉각적인 언어 놀이에서 즐거움을 찾을 필요가 있다.

6) 과거가 어땠는지에 근거하여 결정을 내리지 말라.

주요 어휘 및 표현

organize 조직하다
visible 보이는, 알아볼 수 있는
accessible 접근 가능한
base 기초, ~에 근거를 두다

(2) 기출 연습 문제

정답

본문 52쪽

[①]

해석

언어 놀이는 아이들의 언어 학습과 발달에 유익하다. 따라서 우리는 아이들의 언어 놀이를 적극적으로 장려하고 심지어 그것에 동참해야 한다. 하지만 언어 놀이는 아이들의 것이어야 한다. 만약 언어 놀이가 결과를 만들어내기 위해 어른들이 사용하는 또 다른 교육적 수단이 된다면, 그것은 본질을 잃게 된다. 아이들은 창의적이고 즉각적인 언어 놀이에서 즐거움을 찾고, 실없는 말을 해놓고 웃기도 하고, 언어 놀이의 속도, 타이밍, 방향, 흐름에 대한 주도권을 가질 수 있을 필요가 있다. 아이들이 자신의 언어 놀이를 발전시키도록 허용할 때, 광범위한 이점이 생긴다.

주요 어휘 및 표현

encourage ~를 촉진하다, 장려하다
outcome 결과
essence 본질
delight in ~ ~을 즐기다
immediate 즉각적인
control 주도권
pace 속도
a range of 다양한, 광범위한
benefit 이익, 이점
result from ~로부터 초래되다, 기인하다

(3) 실전 연습 문제

정답

본문 54쪽

1. [②]

해석

많은 사람은 과거의 실패에 근거하여 미래에 일어날 수 있는 일들에 대해 생각하고 그것에 사로잡힌다. 예를 들어, 만약 여러분이 전에 특정 분야에서 실패한 적이 있다면, 같은 상황에 직면할 때, 여러분은 미래에 무슨 일이 일어날지 예상하게 되고, 그래서 두려움이 여러분을 과거에 가두어 버린다. 과거가 어땠는지에 근거하여 결정을 내리지 말라. 여러분의 미래는 여러분의 과거가 아니고 여러분에게는 더 나은 미래가 있다. 여러분은 과거를 잊고 놓아주기로 결심해야 한다. 과거의 경험이 여러분을 지배하게 할 때만 그것이 현재의 꿈을 앗아 간다.

비법적용

Many people think of what might happen in the future based on past failures and gettrapped by them.

☞ 글의 전반부에서 '실패(failures)'라는 핵심 소재 언급: 사람들은 미래에 대해 생각할 때 과거의 실패에 근거하여 생각하고 그것에 사로잡힘

For example (예시 연결사), if you have failed in a certain area before, when faced with the same situation, you anticipate what might happen in the future, and thus fear traps you in yesterday.

☞ 예시 연결사(For example)을 사용해 사람들이 실패에 얽매인다는 예를 제시 〈글의 전개방식: 설명〉

Do not base your decision on what yesterday was. Your future is not your past and you have a better future.

☞ 비법) 필자의 주장 영어표현 사용 ❶ 명령형 Do not: **과거에 근거하여 결정하지 말라.**

You must decide to forget and let go of your past. Your past experiences are the thief of today's dreams only when you allow them to control you.

☞ 비법) 필자의 주장 영어표현 사용 ❷ must: **과거를 잊고, 놓아주기로 결심해야 한다.**

※ 필자의 주장 종합: **과거의 실패에 얽매이지 말고, 미래에 집중하라.**

오답의 모든 것

① 꿈을 이루기 위해 다양한 경험을 해라.

▶과거(실패)에 얽매이지 않고 미래에 집중하라는 핵심 내용이 빠진 오답 보기

② 미래를 생각할 때 과거의 실패에 얽매이지 말라.

▶**'과거의 실패에 얽매이지 말고, 미래에 집중하라'**와 가장 유사!

→ 본문에서 'Do not base your decision on what yesterday was', 'You must decide to forget and let go of your past'와 같이 두 번이나 강조됨

③ 장래의 성공을 위해 지금의 행복을 포기하지 말라.

▶지금의 행복을 포기하지 말라는 관련 없는 내용이 나온 오답 보기

→ 본문의 'Your past experiences are the thief of today's dreams only when you allow them to control you' 부분은 과거의 경험이 당신을 지배할 때 그것이 현재의 꿈을 앗아 가므로, 과거에 얽매이지 말라는 내용이다. 이 부분을 현재의 행복을 빼앗기지 말라고 강조하는 것처럼 혼동하게 만드는 오답 보기

④ 자신을 과신하지 말고 실현 가능한 목표부터 세우라.

▶목표 설정에 대한 일반적인 조언으로, 본문에서 언급되지 않은 내용을 포함한 오답 보기

⑤ 결정을 내릴 때 남의 의견에 지나치게 의존하지 말라.

▶의사 결정에 대한 일반적인 조언으로, 본문에서 언급되지 않은 내용을 포함한 오답 보기

주요 어휘 및 표현

based on ~에 근거하여
failure 실패
trap 가두다
faced with ~에 직면한
situation 상황
fear 두려움
decision 결정
let go of ~을 놓아주다

정답

본문 55쪽

2. [①]

해석

마음을 산만하게 하는 것들이 너무 많이 있을 때, 공부에 전념하는 것은 힘들 수 있다. 많은 젊은이들이 숙제를 찔끔하는 것과 즉각적으로 메시지 주고받기, 전화로 잡담하기, SNS에 신상 정보 업데이트하기, 그리고 이메일 확인하기를 잔뜩 하는 것을 함께 하고 싶어 한다. 여러분이 동시에 여러 가지 일을 처리할 수 있고 이러한 모든 일에 집중할 수 있다는 것이 사실일지도 모르지만, 자신에게 솔직해지려고 노력해라. 여러분이 공부에 집중하되 (앞서 못했던) 그런 다른 소일거리를 하기 위해 규칙적인 휴식을—30분 정도마다 —허락한다면 여러분은 아마도 가장 잘 공부할 수 있을 것이다.

비법적용

It can be tough to settle down to study when there are so many distractions. Most young people like to combine a bit of homework with quite a lot of instant messaging, chatting on the phone, updating profiles on socialnetworking sites, and checking emails.

☞ 글의 전반부에서 '집중력의 필요성'이라는 핵심소재를 언급: 방해요소들이 많으면 공부에 집중하기가 어려움에도 불구하고, 많은 학생들이 공부하면서 여러 가지를 하려는 경향이 있음

While it may be true that you can multitask and can focus on all these things at once, **try to be honest with yourself**.

☞ 비법) 필자의 주장 영어표현 사용 ❶ 명령형 try to: 비록 여러 가지 일을 동시에 하는 것이 가능하기는 하지만, 그에 따라 한 가지에 몰두하는 집중력이 떨어진다는 걸 알고 있음을 **인정하라.**

〈글의 전개방식: 미괄〉

It is most likely that you will be able to **work best if you concentrate on your studies** but allow yourself regular breaks–every 30 minutes or so–to catch up on those other pastimes.

☞ 비법) 필자의 주장 영어표현 사용 ❷ It is most likely that~: 규칙적으로 휴식 시간을 가지면서도, **공부 시간에는 최대한 공부에 집중하면 가장 잘 공부할 수 있을 것이다.**

※ 필자의 주장 종합: **여러 가지 일을 동시에 하면 집중력이 떨어짐을 인정하고, 적당히 휴식을 취하면서 공부 시간에는 최대한 공부에 집중하라.**

오답의 모든 것

① 공부할 때는 공부에만 집중하라.

▶ **'적당히 휴식을 취하면서 공부 시간에는 최대한 공부에 집중하라'**와 가장 유사!

② 평소 주변 사람들과 자주 연락하라.

▶ 'messaging(메시지 주고받기)', 'chatting(채팅하기)' 표현을 활용한 오답 보기

③ 피로감을 느끼지 않게 충분한 휴식을 취하라.

▶ 본문 후반부에 제시된 '휴식을 취하라'는 내용이 언급되었으나, '공부할 때는 공부에 최대한 집중하라'는 핵심 내용이 빠진 오답 보기. 주제문의 일부 내용만 일치하는 것을 보고 성급하게 정답을 고르지 않도록 주의!

④ 자투리 시간을 이용하여 숙제하라.

▶ 규칙적으로 휴식을 취하면서 공부에 집중하라는 본문의 내용과 상반되는 오답 보기

⑤ 학습에 유익한 취미 활동을 해라.

▶ 시간 활용에 대한 일반적인 조언으로, 'pastime(소일거리, 취미)' 표현을 활용한 오답 보기

주요 어휘 및 표현

settle down 전념하다, 착수하다
distraction 집중을 방해하는 것
instant 즉각적인, 인스턴트의
combine ~ with ~ ~을 ~와 함께 하다
multi-task 여러 일을 동시에 하다
at once 동시에
concentrate 집중하다
break 휴식
catch up on (밀린 일 등을) 따라잡다
pastime 소일거리, 취미

정답

본문 56쪽

3. [①]

해석

내가 일을 시작했을 때, 나는 각 지도자에 대한 통계를 보여주는 조직의 연간 보고서를 손꼽아 기다렸다. 그것을 메일로 받자마자, 나는 내 순위를 찾아 다른 모든 지도자의 발전과 나의 발전을 비교하곤 했다. 그렇게 한 지 5년쯤 지나서, 나는 그것이 얼마나 해로운지 깨달았다. 여러분 자신과 다른 사람을 비교하는 것은 사실 불필요하게 정신을 흩뜨리는 것일 뿐이다. 여러분 자신과 비교해야 하는 유일한 대상은 여러분뿐이다. 여러분의 임무는 어제보다 오늘 더 나아지는 것이다. 나아지고 성장하기 위해 오늘 여러분이 무엇을 할 수 있는가에 집중함으로써 여러분은 그렇게 한다. 충분히 그렇게 한 다음, 되돌아보고, 몇 주, 몇 달, 또는 몇 년 전의 여러분과 오늘의 여러분을 비교한다면, 여러분은 자신의 발전에 대단히 고무될 것이다.

비법적용

When I started my career, I looked forward to the annual report from the organization showing statistics for each of its leaders. As soon as I received them in the mail, I'd look for my standing and compare my progress with the progress of all the other leaders. After about five years of doing that, I realized how harmful it was. Comparing yourself to others is really just a needless distraction.

☞ 글의 전반부에서 일화를 통해 '자신과 타인의 비교(comparing)'라는 핵심소재를 언급: 자신과 타인을 비교하는 것이 해로운 결과를 초래한다는 교훈을 얻게 됨

The only one you should compare yourself to is you. Your mission is to become better today than you were yesterday. 〈글의 전개방식: 중괄〉

☞ 주제문: 당신과 비교해야 하는 유일한 대상은 당신 자신뿐이다.

You do that by focusing on what you can do today to improve and grow.

☞ 비법) 필자의 주장 영어표현 사용 ❶ 명령형 You do that: **타인과 자신을 비교하기보다는 자신의 성장에 주목**해야 한다.

Do that enough, and if you look back and compare the you of weeks, months, or years ago to the you of today, **you should be** greatly encouraged by your progress.

☞ 비법) 필자의 주장 영어표현 사용 ❷ 명령형 Do / you should: **충분히 과거와 현재의 자신을 비교**한다면 **당신은 스스로의 발전에 대단히 고무될 것**이다.

※ 필자의 주장 종합: **타인과 자신을 비교하기보다는 자신의 성장에 주목하면서, 충분히 과거의 자신과 오늘의 자신을 비교한다면 당신은 스스로의 발전에 대단히 고무될 것이다.**

오답의 모든 것

① 남과 비교하기보다는 자신의 성장에 주목해야 한다.

▶본문 전반부에서 **'자신과 타인을 비교하는 것은 불필요하게 정신을 흩뜨리는 것일 뿐'**이며, 중반부에서 **'타인과 자신을 비교하기보다는 자신의 성장에 주목해야 한다'**는 필자의 주장과 가장 일치!

▶본문의 'The only one you should compare yourself to is you. You do that by focusing on what you can do today to improve and grow.'와 같이 여러 번 강조됨.

② 진로를 결정할 때는 다양한 의견을 경청해야 한다.

▶진로 선택에 대한 일반적인 조언으로, 본문에서 언급되지 않은 내용을 포함한 오답 보기

③ 발전을 위해서는 선의의 경쟁 상대가 있어야 한다.

▶자기 발전에 대한 일반적인 조언으로, 본문에서 언급되지 않은 내용을 포함한 오답 보기

④ 타인의 성공 사례를 자신의 본보기로 삼아야 한다.

▶'타인과 자신을 비교하기보다는 자신의 성장에 주목하라'는 본문의 핵심 내용과 상반되는 오답 보기

▶본문의 'You do that by focusing on what you can do today to improve and grow'와 같이 필자는 자신에게 집중할 것을 강조함

⑤ 객관적 자료에 근거하여 직원을 평가해야 한다.

▶평가에 대한 일반적인 조언으로, 본문에서 언급되지 않은 내용을 포함한 오답 보기

주요 어휘 및 표현

career 일, 경력
look forward to ~을 손꼽아 기다리다
annual 연간의
organization 조직
statistics 통계
standing 순위, 지위
progress 진보, 발전
distraction 정신을 흩뜨리는 것
focus on ~에 집중하다
improve 나아지다, 향상하다
look back 되돌아보다
encourage 고무시키다, 격려하다

(4) 고난도 연습 문제

정답

본문 57쪽

[①]

해석

전문성을 개발하는 데는 그 자체의 비용이 수반된다. 우리는 언어를 말하거나 우리가 가장 좋아하는 음식을 아는 것과 같은 어떤 분야에서는 그냥 삶을 살아감으로써 전문가가 될 수 있지만, 다른 많은 분야에서는 전문성이 상당한 훈련과 노력을 요구한다. 게다가 전문성이란 특정한 영역에만 국한된다. 우리가 한 영역에서 열심히 노력해서 얻는 전문성은 관련 영역으로 오직 불완전하게 이어질 뿐이며, 관련이 없는 영역으로는 전혀 이어지지 않을 것이다. 결국, 우리가 우리 삶의 모든 것에서 전문가가 되기를 원한다고 해도, 그렇게 할 충분한 시간이 없다. 우리가 그렇게 할 수 있는 분야에서조차도, 그만한 노력을 기울일 가치가 반드시 있는 것은 아닐 것이다. 우리가 우리의 삶에 가장 흔하고/흔하거나 중요한 선택 영역과 우리가 배우고 선택하는 것을 적극적으로 즐기는 영역에 우리의 전문성을 집중해야만 하는 것은 분명하다.

비법적용

Developing expertise carries costs of its own.

☞ 전반부에서 '전문성'이라는 핵심소재를 언급: 전문성을 개발하는 데는 비용이 듦

We can become experts in some areas, like speaking a language or knowing our favorite foods, simply by living our lives, but in many other domains expertise requires considerable training and effort. What's more, expertise is domain specific. The expertise that we work hard to acquire in one domain will carry over only imperfectly to related ones, and not at all to unrelated ones.

☞ 전문성의 특징 ❶: 전문성은 상당한 훈련과 노력을 요구하며, 특정한 영역에만 국한되므로 그것을 습득해도 관련 영역으로 이어지지 않음

In the end (인과 연결사), as much as we may want to become experts on everything in our lives, there simply isn't enough time to do so. Even in areas where we could, it won't necessarily be worth the effort.

☞ 전문성의 특징 ❷: 우리가 삶의 모든 분야에서 전문성을 갖기 원해도 그럴 시간이 충분치 않음

〈글의 전개방식: 미괄〉

It's clear that we should **<u>concentrate our own expertise</u>** on those domains of choice that are **<u>most common and/or important to our lives</u>**, and those **<u>we actively enjoy learning about and choosing from.</u>**

☞ 비법) 필자의 주장 영어표현 사용 It's clear that / we should

☞ 주제문: **자신에게 <u>의미있고, 중요하며, 자신이 즐기는 분야에 초점을 맞춰</u> 전문성을 길러야 한다.**

※ 필자의 주장 종합: **자신에게 가장 중요하고 의미 있는 분야의 전문가가 되자.**

오답의 모든 것

① 자신에게 의미 있는 영역을 정해서 전문성을 키워야 한다.

▶**'<u>자신에게 가장 중요하고 의미 있는 분야의 전문가가 되자</u>'**는 필자의 주장과 가장 일치!

▶본문의 'It's clear that we should concentrate our own expertise on those domains of choice that are most common and/or important to our lives.'와 같이 명확하게 제시됨

② 전문성 함양에는 타고난 재능보다 노력과 훈련이 중요하다.

▶본문 초반부에 '전문성을 개발하는 데는 그 자체의 비용이 수반되며, 상당한 훈련과 노력을 요구한다'는 내용이 일부 언급되었으나 이는 필자의 주장 중 단지 일부분의 내용으로, 글의 전체 주장을 아우르기에는 적합하지 않은 오답 보기

③ 전문가가 되기 위해서는 다양한 분야에 관심을 가져야 한다.

▶'자신에게 가장 중요하고 의미 있는 분야'에 집중을 하자는 필자의 주장과 상반되는 오답 보기

④ 전문성을 기르기 위해서는 구체적인 계획과 실천이 필수적이다.

▶전문성(expertise)에 관한 내용이 일부 언급되었으나, '구체적 계획과 실천'에 대한 내용은 본문에서 직접적으로 언급되지 않기 때문에 오답 보기

⑤ 전문가는 일의 우선순위를 결정해서 업무를 수행해야 한다.

▶'자신에게 가장 중요하고 의미 있는 분야'에 집중을 하자는 필자의 주장과 다소 비슷하게 들리지만, '일의 우선순위'는 본문에 전혀 언급되지 않은 내용이므로 오답 보기

주요 어휘 및 표현

expertise 전문성	expert 전문가
domain 영역	considerable 상당한
concentrate 집중하다	acquire 획득하다

3 글의 주제

(1) 비법 연습 문제

정답

본문 59쪽

[③] 핵심 소재: humane treatment, criminal justice, Suspects and the accused
signal 단어: principle, important, very great, most obviously

(2) 기출 연습 문제

정답

본문 60쪽

[③]

(3) 실전 연습 문제

정답

본문 63쪽

1. [③]

해석

나는 만약 내가 넓은 숲에서 길을 잃었다면, 머지않아 내가 출발했던 곳으로 결국 올 것을 믿도록 길러졌다. 그것을 알지 못한 채, 길을 잃은 사람들은 항상 원을 그리며 걸을 것이다. '지도나 나침반 없이 길 찾기'라는 책에서 저자인 Harold Gatty는 이것이 사실임을 확인해 준다. 우리는 몇 가지 이유로 원을 그리며 걷는 경향이 있다. 가장 중요한 것은 실제로 어떤 사람도 정확히 똑같은 길이의 두 다리를 가지지 않는다는 점이다. 한쪽 다리는 항상 다른 쪽보다 조금 더 길고 이는 우리가 심지어 그것을 알아채지 못한 채 돌도록 한다. 게다가 만약 여러분이 배낭을 메고 도보 여행을 하는 중이라면, 그 배낭의 무게가 여러분을 불가피하게 균형을 잃게 할 것이다. 우리의 주로 쓰는 손도 이 조합의 한 요소가 된다. 만약 여러분이 오른손잡이라면 여러분은 오른쪽으로 돌려는 경향을 보이고 있을 것이다. 그리고 여러분이 장애물을 만났을 때 여러분은 그것을 오른쪽으로 지나가기로 무의식적으로 결정할 것이다.

비법적용

I was brought up to believe that if I get lost in a large forest, I will sooner or later end up where I started.

☞ 비법1) 글의 전반부 → 핵심 소재 파악: 숲속에서 길을 잃으면, 출발했던 곳으로 돌아올(end up where I started) 것이라고 믿도록 길러짐

Without knowing it, <u>**people**</u> who are lost will <u>**always walk in a circle**</u>. In the book *Finding Your Way Without Map or Compass*, author Harold Gatty confirms that this is true. <u>**We tend to walk in circles for several reasons**</u>.

☞ 비법1) 유사 표현을 통해 핵심 소재 파악: factors = reasons

☞ 비법2) 글의 전개상 가장 포괄적인 문장이 주제문!

주제문: 여러 요인들로 인해 우리는 원을 그리며 걷는 경향이 있다.

〈글의 전개방식: 열거〉

❶ The most important is that virtually no human has two legs of the exact same length. One leg is always slightly longer than the other, and this causes us to turn without even noticing it.

☞ 요인 ❶: 인간의 다리 길이는 서로 달라서 우리도 그것을 알아채지 못한 채 돌게 된다.

❷ In addition, if you are hiking with a backpack on, the weight of that backpack will inevitably throw you off balance.

☞ 요인 ❷: 배낭을 메고 걷는다면, 가방의 무게 또한 몸의 균형에 영향을 미칠 것이다.

❸ Our dominant hand factors into the mix too. If you are right-handed, you will have a tendency to turn toward the right. And when you meet an obstacle, you will subconsciously decide to pass it on the right side.

☞ 요인 ❸: 오른손잡이라면 오른쪽으로 도는 경향이 있다.

※ 글의 주제 종합: **여러 요인들로 인해 사람들은 원을 그리며 걷는 경향이 있다.**

오답의 모든 것

① abilities to construct a mental map for walking (걷기를 위한 마음 지도를 만들 수 있는 능력)

▶사람들이 숲에서 길을 잃었을 때 원을 그리며 걷게 되는 이유에 대한 글이지, 걷는 데 필요한 머릿속 지도 만드는 능력에 대한 언급은 아니므로 오답 보기

② factors that result in people walking in a circle (사람들이 원을 그리며 걷는 결과를 낳게 된 요인)

▶'**여러 요인들로 인해 사람들은 원을 그리며 걷는 경향이 있다.**'는 글의 주제와 가장 유사!

▶We tend to walk in circles for several reasons(우리가 원을 그리며 걷게 되는 몇 가지 이유가 있다) 후에 나열되는 원을 그리며 걷게 되는 이유를 설명하므로 정답 보기!

③ reasons why dominance exists in nature (자연에 지배가 존재하는 이유)

▶'dominant'라는 단어는 본문에서 주로 사용하는 지배적인 손의 영향을 설명하는 데 사용된 것이지, 자연에 지배적인 힘이 존재하는 이유라는 선택지 내용과는 관계없음. dominant라는 단어의 정확한 의미 파악 여부를 파악하기 위한 함정인 오답 보기

④ instincts that help people return home (사람들이 집으로 돌아오도록 돕는 본능)

▶처음 출발한 곳으로 돌아오게 되는 것이지 집으로 되돌아오도록 돕는 본능은 아니므로, 글의 핵심 내용을 포함하지 않은 오답 보기

⑤ solutions to finding the right direction (올바른 방향을 찾기 위한 해결책)

▶사람들이 숲에서 길을 잃었을 때 원을 그리며 걷게 되는 이유에 대한 글이지, 옳은 길을 찾는 방법에 대한 글은 아니므로 오답보기

주요 어휘 및 표현

virtually 사실상, 실제로, 가상으로

exact 정확한

inevitably 필연적으로, 불가피하게

tendency 경향, 성향

정답

본문 64쪽

2. [①]

해석

전력 생산을 위한 재생 가능한 에너지원의 사용은 전력 공급 확보의 필요성과 환경 보호 목적을 조화시키는 방법으로 점점 장려됐다. 그러나 재생 가능한 자원의 이용 또한 그 자체의 결과가 수반되는데, 이는 고려할 필요가 있다. 재생 가능한 에너지원은 수력 발전과 해양 기반 기술처럼 다양한 자원을 포함한다. 게다가, 태양열, 풍력, 지열 그리고 바이오매스(에너지로 사용 가능한 생물체) 재생 에너지원 또한 환경에 저마다의 영향을 미친다. 예를 들어, 수력 발전 댐은 수생 생태계에 영향을 미치고, 더 최근에 온실가스 배출의 중요한 원인으로 확인되었다. 풍력, 태양열 그리고 바이오매스 또한 시각 공해, 집약적인 토지 점유 그리고 조류 개체 수에 미치는 부정적인 영향과 같은 부정적인 환경 영향을 초래한다.

비법적용

The use of renewable sources of energy to produce electricity has increasingly been encouraged as a way to harmonize the need to secure electricity supply with environmental protection objectives.

☞ 비법1) 글의 전반부 → 핵심 소재 파악: 재생 에너지(renewable sources of energy)의 사용이 장려됨

But (대조 연결사) **the use of renewable sources** also **comes with its own consequences**, which require consideration. Renewable sources of energy include a variety of sources such as hydropower and ocean-based technologies.

☞ 비법2) Signal 연결사(But)를 주목하라! / 대조 연결사(But)가 나오고 그 내용을 뒷받침하는 예시 연결사(For example)가 나올 경우, 대조 연결사가 있는 문장이 주제문일 확률이 높다

주제문: **재생 가능한 자원을 활용하는 것에도 (부정적) 결과가 따른다.**

〈글의 전개방식: 열거〉

Additionally, solar, wind, geothermal and biomass renewable sources also have their own impact on the environment.

☞ 주제를 뒷받침하는 구체적 예시 ❶ : 태양, 풍력 등 재생 가능한 자원도 환경에 그 나름의 영향을 끼친다.

Hydropower dams, for example (예시 연결사), have an impact on aquatic ecosystems and, more recently, have been identified as significant sources of greenhouse emissions.

☞ 주제를 뒷받침하는 구체적 예시 ❷ : 예를 들어, 수력 댐도 수질 생태계에 영향을 끼친다.

Wind, solar, and biomass also cause negative environmental impacts, such as visual pollution, intensive land occupation and negative effects on bird populations.

☞ 주제를 뒷받침하는 구체적 예시 ❸ : 풍력, 태양 에너지도 부정적인 환경적 영향을 일으킨다.

※ 글의 주제 종합: **재생 가능한 자원을 활용하는 것에도 부정적인 결과가 따른다.**

오답의 모든 것

① environmental side effects of using renewable energy sources

(재생 에너지원 사용의 환경적 부작용)

▶**<u>'재생 가능한 자원을 활용하는 것은 부정적 결과를 초래할 수도 있다'</u>**와 가장 유사!

▶재생 에너지에 대한 부정적 시각을 담고 있으며, 본문의 핵심 소재를 드러내는 유사 표현이 사용됨 (side effects = consequences = negative impacts)

② practical methods to meet increasing demand for electricity

(전기에 대한 수요 증가를 충족시킬 수 있는 실용적 방법)

▶전기 에너지에 대한 증가하는 수요를 충족시킬 수 있는 실용적 방법으로 재생에너지 자원의 활용이 될 수는 있겠지만, 이는 긍정적 시각으로 본문의 주제와는 상반되는 오답 보기

③ negative impacts of the use of traditional energy sources

(전통적 에너지원 사용에 대한 부정적 영향)

▶전통적 에너지원이 아니라 재생 에너지원 사용에 대한 부정적 영향에 대해 말하고 있으므로, 본문의 내용과 상반되는 오답 보기

④ numerous ways to obtain renewable sources of energy

(재생 가능한 에너지원을 얻을 수 있는 수많은 방법)

▶재생 에너지에 대해 다루긴 하지만 본문에서는 재생 에너지원을 얻는 방법에 대해 다루고 있지 않으므로 핵심 내용을 포함하지 않은 오답 보기

⑤ effective procedures to reduce greenhouse emissions

(온실가스 배출을 줄이기 위한 효과적인 절차)

▶온실가스(greenhouse emissions)에 대한 언급이 나오기는 했으나, 재생 에너지원 사용의 부정적 결과라는 핵심 내용을 포함하지 않은 오답 보기

주요 어휘 및 표현

renewable 재생 가능한
consideration 사려, 숙고, 고려사항
additionally 게다가
dam 댐, 댐을 건설하다
emission 배출, 배기가스
intensive 집중적인

정답

본문 65쪽

3. [⑤]

해석

웃음의 능력은 인간의 독특한 특징이라고 오랫동안 여겨져 왔다. (기원후 2세기) Samosata의 재치 있는 Lucian이 인간을 당나귀와 구별하는 방법으로 한쪽은 웃고 다른 한쪽은 그렇지 않다는 것을 지적했다. 모든 사회에서 유머는 규범을 강화하고 행동을 규제하면서, 개인적인 의사소통에서뿐만 아니라 사회적 그룹들을 형성하는 힘으로서도 중요하다. "각각 특정한 시간, 각각의 시대, 사실상 각각의 순간은 웃음에 대한 그 자체의 조건과 주제를 가지고 있다…그 당시에 널리 퍼져있는 주된 사고, 관심사, 흥미, 활동, 관계, 그리고 방식 때문에." 고대 그리스와 같은 다른 문화를 연구하는 누군가의 궁극적인 목표는 유물들, 역사적 사건들, 혹은 사회적 집단화의 총합계 이상이었던 사람들 그 자체를 이해하는 것이다. 이 목표에 직접적으로 접근하는 한 가지 방법은 그 문화의 유머를 연구하는 것이다. Goethe가 적절하게 언급한 대로 "그들이 무엇을 웃긴다고 생각하는지만큼 사람의 특성을 명확히 보여주는 것도 없다."

비법적용

It has long been held that the capacity for laughter is a peculiarly human characteristic. The witty Lucian of Samosata (2nd century A.D.) noted that the way to distinguish a man from a donkey is that one laughs and the other does not.

☞ 비법1) 글의 전반부 → 핵심 소재 파악: 웃음(laughter)은 인간의 주된 특성

In all societies humor is important not only in individual communication but also as a molding force of social groups, reinforcing their norms and regulating behavior. "Each particular time, each era, in fact each moment, has its own condition and themes for laughter...because of the major preoccupations, concerns, interests, activities, relations, and mode prevailing at the time." The ultimate goal of anyone who studies another culture, such as ancient Greece, is to understand the people themselves who were more than the sum total of monuments, historical incidents, or social groupings.

☞ 핵심 소재 파악하며 빠르게 읽기: 유머의 중요한 역할, 다른 문화를 연구하는 사람의 궁극적 목적

〈글의 전개방식: 미괄〉

One way to approach this goal directly is to study the culture's humor. As Goethe aptly observed: "Men show their characters in nothing more clearly than in what they think laughable."

☞ 비법2) 글의 전개상 가장 포괄적인 문장이 주제문!

주제문: 문화를 이해하는 방법 = 그 문화의 유머를 연구하는 것

※ 글의 주제 종합: **해당 문화의 유머를 연구하는 것은 그 문화를 이해하기 위한 방법 중 하나이다.**

오답의 모든 것

① typical process of cultural assimilation

(문화적 동화의 전형적인 과정)

▶문화에 대한 내용이 일부 나오지만, 핵심 내용을 포함하지 않은 오답 보기

② function of laughter in building friendship

(우정을 쌓는데 있어 웃음의 기능)

▶웃음의 기능에 대해서는 언급되지만, 우정을 쌓기 위한 기능으로 나온 것이 아니므로 핵심 내용을 포함하지 않은 오답 보기

③ educational need for intercultural competence

(문화 간 역량에 대한 교육적 수요)

▶문화와 관련된 어휘가 일부 나올 뿐, 문화 간 역량에 대한 교육적 수요는 본문의 주제와 상관없는 내용이므로 오답 보기

④ roles of humor in criticizing social problems

(사회문제를 비판하는데 있어 유머의 역할)

▶유머의 역할에 대해서는 언급되지만, 사회문제를 비판하기 위한 것으로 나온 것이 아니므로 핵심 내용을 포함하지 않은 오답 보기

⑤ humor as a tool for understanding a culture

(문화를 이해하기 위한 도구로서의 유머)

▶**'해당 문화의 유머를 연구하는 것은 그 문화를 이해하기 위한 방법 중 하나이다'**와 가장 유사!

▶본문의 핵심 소재를 드러내는 유사 표현이 사용됨 (a tool = one way / humor = laughter)

주요 어휘 및 표현

laughter 웃음
witty 재치 있는, 익살맞은
note 주목하다, 지적하다
norm 표준, 규범
era 시대, 연대
preoccupation 사로잡힘
prevailing 대부분의, 우세한
monument 기념물

(4) 고난도 연습 문제

정답

본문 66쪽

[①]

해석

플라톤에서 데카르트에 이르는 철학자들의 영향을 받은 서양의 일반 통념은 개인, 특히 천재들에게 창의력과 독창성이 있다고 믿는다. 사회적, 문화적 영향과 원인은 최소화되거나 무시되거나 고려로부터 완전히 배제된다. 사상은, 그것이 독창적이든 종래의 것이든 개인과 동일시되며, 개인이라는 특별한 존재와 개인이 하는 특별한 것은 그 사람의 유전자와 두뇌에서 그 기원을 찾는다. 여기서 '요령'은 개개의 인간이 사회적 구성 그 자체이며 그들이 생애 동안 접해온 사회적, 문화적 영향의 다양성을 구현하고 반영한다는 것을 인식하는 것이다. 우리의 개인성이 부인되는 것이 아니라, 특정한 사회적, 문화적 경험의 산물로 여겨지는 것이다. 뇌 그 자체가 사회적이며, 구조적으로, 그리고 그것의 사회 환경에 의한 연결성 수준에서 영향을 받는다. '개인'은 '나'가 문법적 환상인 것과 마찬가지로 법적, 종교적, 그리고 정치적 허구이다.

비법적용

Conventional wisdom in the West, influenced by philosophers from Plato to Descartes, credits individuals and especially geniuses with creativity and originality. Social and cultural influences and causes are minimized, ignored, or eliminated from consideration at all.

☞ 비법1) 글의 전반부 → 핵심 소재 파악: 개인(individuals) vs. 사회(social and cultural influences)

The "trick" here is to recognize that **individual humans are social constructions themselves**, embodying and reflecting the variety of social and cultural influences they have been exposed to during their lives. 〈글의 전개방식: 중괄〉

☞ 비법2) 글의 전개상 가장 포괄적인 문장이 주제문!

주제문: **하지만 여기서 주목할 것은 '개개인이 사회적 구성 그 자체'라는 것을 깨닫는 것이다.**

☞ The "trick" here is ~라는 표현은 '여기서 한 가지 비결은 ~'이라는 의미로, 주제문을 표현할 때 활용할 수 있는 구문

Our individuality is not denied, but it is viewed as a product of specific social and cultural experiences. The brain itself is a social thing, influenced structurally and at the level of its connectivities by social environments. The "individual" is a legal, religious, and political fiction just as the "I" is a grammatical illusion.

☞ 주제문을 뒷받침하는 설명

※ 글의 주제 종합: **개개인이 사회적 구성 그 자체라는 것을 깨닫는 것이 비결이다.**

오답의 모든 것

① recognition of the social nature inherent in individuality
(개성에 내재한 사회적 본성에 대한 인식)
▶**<u>'개개인이 사회적 구성 그 자체라는 것을 깨닫는 것이 비결이다.'</u>**와 가장 유사!
▶본문의 핵심 소재를 드러내는 유사 표현이 사용됨
(individuality = individual humans / the social nature = social constructions)

② ways of filling the gap between individuality and collectivity
(개성과 집단성 사이의 격차를 메우는 방법)
▶개인(individual humans)에 대한 내용이 일부 나오지만, 핵심 내용을 포함하지 않은 오답 보기

③ issues with separating original thoughts from conventional ones
(독창적인 생각과 기존의 생각을 분리하는 것에 관한 문제)
▶본문의 'originality(독창성)' 표현을 활용해, '독창적 사고와 기존 사고를 분리한다'는 본문의 내용과 상관없는 내용이 나온 오답 보기

④ acknowledgment of the true individuality embodied in human genes
(인간 유전자에 내재한 진정한 개성에 대한 인정)
▶개성(individuality)에 대한 내용이 일부 나오지만, '인간 유전자'라는 본문의 내용과 상관없는 내용이 나온 오답 보기

⑤ necessity of shifting from individualism to interdependence
(개인주의에서 상호의존주의로 전환할 필요성)
▶'개인주의로부터 상호의존으로의 이동'이라는 본문의 내용과 상관없는 내용이 나온 오답 보기

주요 어휘 및 표현

conventional 관습적인, 틀에 박힌
creativity 창의력
minimize 최소화하다, 축소하다
consideration 사려, 숙고, 고려사항
embody 구체화하다, 포함하다
individuality 개성, 특성
structural 구조상의, 구조적인
inherent 내재하는

4 글의 제목

(1) 비법 연습 문제

정답

본문 69쪽

1) ①　2) ②　3) ③

해석

1) 공포감은 내가 얻은 정보에 의해 줄어들었고 내가 스카이다이빙을 즐기도록 해주었다.

① 예측: 공포감을 피하기 위한 방법
② 망설이는 사람들은 경험이 부족해서 그런 것이다
③ 잘못된 정보는 당신을 위험에 빠뜨린다

2) 채워질 준비가 된 여백과 누군가가 들어올리기만 하면 되는 금괴들이 항상 존재한다.

① 금괴는 왜 우리를 집중하지 못하게 할까?
② 기회를 잡는 것을 망설이지 말라
③ 시야를 넓히고, 타인에 대한 이해를 깊게 하라

3) UN은 바이오 연료가 위험한 부작용이 있을 수 있다고 경고하면서, 바이오 연료를 키우기 위해 변경된 땅이 환경에 위협을 가하지 않도록 하는 조치가 취해져야 한다고 말했다.

① 바이오 연료 산업에 투자하는 방법
② 지구온난화를 막기 위해 취해져야 할 조치들
③ 바이오 연료: 지구온난화를 해결하기 위한 올바른 방법인가?

주요 어휘 및 표현

gather 모으다
anticipation 예상, 예측
golden nugget 금괴
distract 주의를 분산시키다
side effect 부작용
environment 환경

(2) 기출 연습 문제

정답

본문 70쪽

[⑤]

해석

우리는 어떻게 우리 아이들이 광범위한 정보를 기억하도록 가르칠 수 있을까? 내가 여러분에게 모든 사람은 반복에 의한 암기를 통해 많은 양의 정보를 저장하고, 관리하고, 기억하도록 만들어진 두뇌를 갖고 있는 잠재적인 천재라는 것을 증명하겠다. 여러분이 가장 많이 쇼핑을 하는 식료품점을 상상해 보라. 내가 여러분에게 달걀이 어디 있는지 말해 달라고 한다면, 그렇게 할 수 있겠는가? 당연히 여러분은 할 수 있을 것이다. 보통의 식료품점에는 만 개가 넘는 품목을 취급하지만, 여러분은 그 물건 대부분을 어디에서 찾을지 빠르게 말할 수 있다. 왜 그럴까? 그 가게는 범주별로 정리되어 있으며, 여러분은 그 가게에서 반복적으로 쇼핑을 했다. 다시 말해서, 여러분은 그 정리된 물건을 계속 봤고, 범주에 의한 배열은 여러분이 그 가게의 배치를 기억하기 쉽게 해 준다. 여러분은 한 매장에서만 해도 만 가지 품목을 범주화할 수 있다.

주요 어휘 및 표현

memorize 기억하다, 암기하다
range 범위
potential 잠재적인
store 저장하다, 가게
repetition 반복
grocery store 식료품점
carry (가게에서 상품을) 취급하다
average 보통의, 평균적인
category 범주
arrangement 배열
layout 배치
categorize 범주화하다

(3) 실전 연습 문제

정답

본문 72쪽

[③]

해석

매년 봄 북미에서 이른 아침 시간은 참새나 울새와 같은 명금(鳴禽)들의 아름다운 노랫소리로 가득 차 있다. 이런 새들은 단순히 노래만 하는 것처럼 보이지만, 많은 수가 영역을 차지하려는 치열한 경쟁 중에 있다. 많은 새들에게 있어 이런 싸움은 결국 그들이 누구와 짝짓기를 할지 그리고 그들이 가정을 정말 꾸리게 될 지를 결정할 수 있다. 새들이 겨울에 먹이를 먹던 곳에서 돌아올 때, 수컷들이 보통 먼저 도착한다. 나이가 더 많고, 더 지배적인 수컷들은 그들의 지난 번 영역인 나무, 관목, 혹은 심지어 창문 선반 같은 곳을 되찾을 것이다. 어린 수컷들은 나이가 더 많은 수컷이 하는 노래를 흉내 냄으로써 자리를 차지하기 위해 그들에게 도전하려 할 것이다. 가장 크고 가장 길게 노래 할 수 있는 새들이 가장 좋은 영역을 차지하는 것으로 보통 끝이 난다.

비법적용

Each spring in North America, the early morning hours are filled with the sweet sounds of songbirds, such as sparrows and robins. While it may seem like these birds are simply singing songs, many are in the middle of an intense competition for territories.
〈글의 전개방식: 양괄〉
☞ 비법1) 글의 전반부 → 핵심 소재 파악: 새들의 노랫소리는 영역 경쟁을 위한 것

For many birds, this struggle could ultimately **decide whom they mate with and if they ever raise a family**.
☞ 비법1) 주제문 : 이는 새들이 **누구와 짝짓기하고 가정을 꾸리게 될지를 결정함**

When the birds return from their winter feeding grounds, the males usually arrive first.
☞ 비법2) 주제문에 대한 부연 ❶: 겨울에 먹이를 먹던 곳에서 수컷들이 먼저 돌아옴

Older, more dominant males will reclaim their old territories: a tree, shrub, or even a window ledge. Younger males will try to challenge the older ones for space by mimicking the song that the older males are singing.
☞ 비법2) 주제문에 대한 부연 ❷: 나이가 많은 수컷들은 자신의 지난 번 영역을 되찾으려 하고, 어린 수컷들은 나이가 많은 수컷들을 흉내 내 이들의 영역을 빼앗고자 도전함
〈글의 전개방식: 양괄〉
The birds that can sing the loudest and the longest usually wind up with **the best territories**.
☞ 비법3) 글의 후반부 → 핵심 내용을 집약하는 주제문 다시 등장: **가장 크고 길게 노래할 수 있는 새들이 가장 좋은 영역을 차지함**

※ 글의 핵심 내용1)2)3) 종합: **새들은 노랫소리를 통해 영역을 차지하고자 경쟁한다.**

오답의 모든 것

① Harmony Brings Peace (조화는 평화를 가져온다)

▶본문 전반부에 새들이 노래하는 평화로운 풍경(sweet sounds of songbirds)이 일부 묘사되나, 글의 핵심 내용을 요약하는 제목으로는 적절치 않은 오답 보기

② Great Waves of Migration (이동의 큰 물결)

▶본문 중반부에 새들의 이동(return from their winter feeding grounds)이 일부 묘사되나, 글의 핵심 내용을 요약하는 제목으로는 적절치 않은 오답 보기

③ Singing for a Better Home (더 좋은 가정을 찾기 위한 노래)

▶**'새들은 노랫소리를 통해 영역을 차지하고자 경쟁한다'**는 본문의 내용에 가장 적절한 제목!

▶핵심 소재(sing, a better home)가 모두 들어감

④ An Endless Journey for Food (먹이를 찾아 떠나는 끝없는 여정)

▶본문 중반부에 새들의 이동(return from their winter feeding grounds)이 일부 묘사되나, 글의 핵심 내용을 요약하는 제목으로는 적절치 않은 오답 보기

⑤ Too Much Competition Destroys All (너무 많은 경쟁은 모든 것을 파괴한다)

▶본문의 'competition(경쟁)' 표현을 활용한 오답 보기

주요 어휘 및 표현

songbird 명금 (鳴禽)
sparrow 참새
robin 울새
intense 치열한, 격렬한
territory 영역, 영토
ultimately 결국, 마침내
mate 짝짓기를 하다
feeding ground (동물의) 먹이 먹는 곳
dominant 지배적인, 우세한
reclaim 되찾다
shrub 관목
mimic 흉내 내다
wind up with ~로 끝나다
migration 이주, 이동

정답

본문 73쪽

2. [①]

해석

포유류는 다른 동물군에 비해 색이 덜 화려한 경향이 있지만 얼룩말은 두드러지게 흑백의 모습을 하고 있다. 이렇게 대비가 큰 무늬가 무슨 목적을 수행할까? 색의 역할이 항상 명확한 것은 아니다. 줄무늬를 지님으로써 얼룩말이 얻을 수 있는 것이 무엇인지에 대한 이 질문은 과학자들을 1세기가 넘도록 곤혹스럽게 했다. 이 신비를 풀기 위해, 야생 생물학자 Tim Caro는 탄자니아에서 얼룩말을 연구하면서 10년 이상을 보냈다. 그는 답을 찾기 전에 이론을 하나씩 하나씩 배제해 나갔다. 줄무늬는 얼룩말들을 시원하게 유지시켜 주지도 않았고, 포식자들을 혼란스럽게 하지도 않았다. 2013년에 그는 얼룩말의 가죽으로 덮인 파리 덫을 설치했고, 이에 대비하여 영양의 가죽으로 덮인 다른 덫들도 준비했다. 그는 파리가 줄무늬 위에 앉는 것을 피하는 것처럼 보인다는 것을 알게 되었다. 더 많은 연구 후에, 그는 줄무늬가 질병을 옮기는 곤충으로부터 얼룩말을 말 그대로 구할 수 있다는 결론을 내렸다.

비법적용

Mammals tend to be less colorful than other animal groups, but zebras are strikingly dressed in blackandwhite.

☞ 비법1) 글의 전반부 → 핵심 소재 파악: 포유류 중 얼룩말은 두드러진 흑백 무늬를 갖고 있음

What purpose do such high contrast patterns serve?

☞ 비법1) 글의 전반부 → 질문을 통해 드러나는 필자의 의도를 파악: 얼룩말의 대비가 큰 무늬의 목적이 무엇인지가 이 글의 주된 내용

The colors' roles aren't always obvious. The question of what zebras can gain from having stripes has puzzled scientists for more than a century.

☞ 비법1) 주제문 얼룩말의 무늬가 어떤 역할을 수행하는지에 대해 과학자들이 의문을 제기해 왔음

To try to solve this mystery, wildlife biologist Tim Caro spent more than a decade studying zebras in Tanzania. He ruled out theory after theory — stripes don't keep them cool, stripes don't confuse predators—before finding an answer.

☞ 비법2) 핵심 소재에 대한 구체적 사례 설명 ❶: Tim Caro라는 야생 생물학자가 여러 가설들을 세움

In 2013, he set up fly traps covered in zebra skin and, for comparison, others covered in antelope skin. He saw that flies seemed to <u>avoid landing on the stripes</u>.

☞ 비법2) 핵심 소재에 대한 구체적 사례 설명 ❷: 얼룩말 가죽으로 덮인 파리 덫 / 영양 가죽으로 덮인 파리 덫을 비교하는 실험에서, 파리들이 <u>얼룩말 가죽을 피함</u>

After more research, he concluded that **<u>stripes</u>** can literally **<u>save zebras from disease-carrying insects</u>**. 〈글의 전개방식: 미괄〉

☞ 비법3) 글의 후반부 → 핵심 내용을 집약하는 주제문 다시 등장: 얼룩말의 **<u>줄무늬</u>**는 **<u>질병을 옮기는 곤충으로부터 구하는 역할</u>**을 한다는 것을 발견

※ 글의 핵심 내용 1)2)3) 종합: **얼룩말의 줄무늬는 곤충의 접근을 막는 역할을 한다.**

오답의 모든 것

① 얼룩말의 줄무늬: 파리에 대항하는 자연적 방어기제

▶ **<u>'얼룩말의 줄무늬는 곤충의 접근을 막는 역할을 한다'</u>**는 본문의 내용에 가장 적절한 제목!

▶ 핵심 소재(zebra's stripes, defense, flies)가 모두 들어갔으며, 「핵심 소재: 부연설명」의 형태

② 어떤 포유동물이 가장 화려한 가죽을 갖고 있는가?

▶ 본문의 'mammal(포유동물)', 'colorful(화려한)' 표현을 활용한 오답 보기

③ 어떤 동물이 얼룩말의 포식 동물인가?

▶ 본문의 'predator(포식자)' 표현을 활용한 오답 보기

④ 무늬: 숨기 위한 것이 아니라, 뽐내기 위한 것

▶ 본문 전체에 걸쳐 무늬(pattern)에 대한 이야기가 나오지만 글의 핵심 내용을 요약하는 제목으로는 적절치 않은 오답 보기

⑤ 각각의 얼룩말은 자신만의 독특한 줄무늬를 갖고 태어난다

▶ 본문 전체에 걸쳐 얼룩말의 줄무늬(stripes)에 대한 이야기가 나오지만 글의 핵심 내용을 요약하는 제목으로는 적절치 않은 오답 보기

주요 어휘 및 표현

mammal 포유동물
tend to ~하는 경향이 있다
strikingly 두드러지게
contrast 대조, 대비
serve 수행하다, 제공하다
obvious 분명한, 확실한
puzzle 어리둥절하게 만들다
wildlife 야생 동물
biologist 생물학자
rule out 배제하다
predator 포식자, 포식 동물
comparison 비교
disease-carrying 병을 옮기는
show off ~를 자랑하다, 뽐내다

정답

본문 74쪽

3. [⑤]

해석

여러분을 미소 짓게 만드는 온갖 사건들은 여러분이 행복감을 느끼게 하고, 여러분의 뇌에서 기분을 좋게 만들어주는 화학물질을 생산해내도록 한다. 심지어 스트레스를 받거나 불행하다고 느낄 때조차 미소를 지어보자. 미소에 의해 만들어지는 안면 근육의 형태는 뇌의 모든 "행복 연결망"과 연결되어 있고, 따라서 자연스럽게 여러분을 안정시키고 기분을 좋게 만들어주는 동일한 화학물질들을 배출함으로써 뇌의 화학 작용을 변화시킬 것이다. 연구자들은 스트레스가 상당한 상황에서 진정한 미소와 억지 미소가 개개인들에게 미치는 영향을 연구하였다. 연구자들은 참가자들이 미소 짓지 않거나, 미소 짓거나, (억지 미소를 짓게 하기 위해) 입에 젓가락을 옆으로 물고서 스트레스를 수반한 과업을 수행하도록 했다. 연구의 결과는 미소가, 억지이든 진정한 것이든, 스트레스가 상당한 상황에서 인체의 스트레스 반응의 강도를 줄였고, 스트레스로부터 회복한 후의 심장 박동률의 수준도 낮추었다는 것을 보여주었다.

비법적용

Every event that causes you to smile makes you feel happy and produces feel–good chemicals in your brain. 〈글의 전개방식: 양괄〉

☞ 비법1) 글의 전반부 → 핵심 소재 파악: 당신을 웃게 만드는 사건은 당신의 뇌에 기분을 좋게 만드는 화학물질을 생산하게 함

Force your face to smile even when you are stressed or feel unhappy.

☞ 비법1) 주제문: **스트레스를 받거나 불행하다고 느낄 때도 억지로라도 미소를 지어라.**

The facial muscular pattern produced by the smile is linked to all the "happy networks" in your brain and will in turn naturally calm you down and change your brain chemistry by releasing the same feel–good chemicals.

☞ 비법2) 주제문에 대한 부연 ❶: **미소에 의해 생기는 안면 근육 형태**는 뇌의 "행복 연결망"과 연결되어 있어서 → 당신을 안정시키고 기분을 좋게 하는 화학물질을 배출시킨다

Researchers studied the effects of a genuine and forced smile on individuals during a stressful event. The researchers had participants perform stressful tasks while not smiling, smiling, or holding chopsticks crossways in their mouths (to force the face to form a smile).

☞ 비법2) 주제문에 대한 부연 ❷: 진정한 미소와 억지 미소가 개개인에 미치는 영향에 대한 실험이 진행됨

The results of the study showed that smiling, forced or genuine, during stressful events reduced the intensity of the stress response in the body and lowered heart rate levels after recovering from the stress. 〈글의 전개방식: 양괄〉

☞ 비법3) 글의 후반부 → 핵심 내용을 집약하는 주제문 다시 등장 : **미소는, 억지이든 진실된 것이든 간에, 스트레스 반응의 강도를 줄이고 심장 박동률의 수준을 낮춤**

※ 글의 핵심 내용 1)2)3) 종합: **미소는 억지이든 진실된 것이든 간에 스트레스 상황을 극복하는 데 도움을 준다.**

오답의 모든 것

① 스트레스 상황의 원인과 결과

▶본문의 'stressful events(스트레스 상황)', 'effects(영향)' 표현을 활용한 오답 보기

② 스트레스의 개인적인 징후와 양상

▶본문의 'pattern(형태)' 표현을 활용한 오답 보기

③ 신체와 정신이 스트레스에 반응하는 방식

▶본문 전체에 걸쳐 스트레스에 우리 몸과 뇌가 어떻게 반응하는지에 대한 이야기가 나오지만, 글의 핵심 내용(forced or genuine smile의 영향)을 요약하는 제목으로는 적절치 않은 오답 보기

④ 스트레스: 행복의 필요악

▶본문 전체에 걸쳐 스트레스와 행복함에 대한 이야기가 나오지만, 글의 핵심 내용을 요약하는 제목으로는 적절치 않은 오답 보기

⑤ 억지 미소도 스트레스를 줄이는데 도움이 될까요?

▶**'미소는 억지이든 진실된 것이든 간에 스트레스 상황을 극복하는 데 도움을 준다'는 본문의 내용에 가장 적절한 제목!**

▶핵심 소재(faked smiles, reduce stress)가 모두 들어갔으며, 「의문문」의 형태

주요 어휘 및 표현

feel-good 기분 좋게 해 주는
chemicals 화학물질
network 연결망
chemistry 화학 작용
release 발산하다
genuine 참된, 진정한
forced 강요된, 억지로 하는
crossways 옆으로
intensity 강도
recover 회복하다, 되찾다
necessary evil 필요악
faked smile 가짜 미소

(4) 고난도 연습 문제

정답

본문 75쪽

[②]

해석

사람들은 보통 촉각을 시간의 현상으로 생각하지 않지만, 그것은 공간적인 만큼 전적으로 시간에 기반을 두고 있다. 직접 알아보기 위해 실험을 할 수 있다. 친구에게 손바닥이 위로 향하게, 손을 컵 모양으로 동그랗게 모아 쥐고, 눈을 감으라고 요청해 보라. 그의 손바닥에 작은 평범한 물건을 올려놓고 — 반지, 지우개, 무엇이든 괜찮다 — 손의 어떤 부분도 움직이지 말고 그것이 무엇인지 알아보라고 요청해 보라. 그는 무게와 아마 전체적인 크기 외에 다른 어떤 단서도 갖지 못할 것이다. 그런 다음 그에게 눈을 감은 채로 그 물건 위로 손가락을 움직여보라고 말하라. 그는 거의 틀림없이 그것이 무엇인지 즉시 알아낼 것이다. 손가락이 움직이게 함으로써 촉각이라는 감각적 지각에 시간을 더했다. 망막의 중심에 있는 중심와(窩)와 손가락 끝 사이에 직접적인 유사함이 있는데, 그것 둘 다 예민함이 높다는 것이다. 어둠 속에서 셔츠 단추를 잠그거나 현관문을 여는 것과 같이 촉각을 복잡하게 사용하는 능력은 촉각이라는 감각의, 지속적인, 시간에 따라 달라지는 패턴에 의존한다.

비법적용

People don't usually think of touch as a temporal phenomenon, but it is every bit as time-based as it is spatial. 〈글의 전개방식: 양괄〉

☞ 비법1) 글의 전반부 → 핵심 소재 파악: 사람들의 일반적 생각과 달리, 촉각은 공간적인 것만큼이나 시간에 기반을 두고 있음

You can carry out an experiment to see for yourself. Ask a friend to cup his hand, palm face up, and close his eyes. Place a small ordinary object in his palm — a ring, an eraser, anything will do — and ask him to identify it without moving any part of his hand. He won't have a clue other than weight and maybe overall size. Then tell him to keep his eyes closed and move his fingers over the object. He'll most likely identify it at once.

☞ 비법2) 구체적 예시❶: 손 위에 물건을 올려놓고 손을 움직이지 못하게 하면 그 물건을 알아차리기 어렵지만, 손을 움직일 수 있게 하면 즉시 알아낼 것임

By allowing the fingers to move, you've added time to the sensory perception of touch.

☞ 비법2) 구체적 예시1에 대한 부연: 이는 손가락을 움직이게 해서 촉각이란 감각적 지각에 '시간'을 더한 것

There's a direct analogy between the fovea at the center of your retina and your fingertips, both of which have high acuity.

☞ 비법2) 구체적 예시❷: '망막의 중심와' 그리고 '손가락 끝'의 유사점 = 높은 예민함

Your ability to make complex use of **touch**, such as buttoning your shirt or unlocking your front door in the dark, depends on **continuous time-varying patterns of touch sensation**.

☞ 비법2)3) 구체적 예시❷에 대한 부연 + 글의 핵심 내용을 집약하는 주제문: **촉각**을 복잡하게 사용하는 능력은 촉각이라는 감각의 **지속적이고 시간에 따라 달라지는 패턴에 의존**한다 〈글의 전개방식: 양괄〉

※ 글의 핵심 내용 1)2)3) 종합: **촉각이라는 감각적 지각은 (공간적 요소만큼이나) 시간적 요소에 기반을 둔다.**

오답의 모든 것

① Touch and Movement: Two Major Elements of Humanity
(촉각과 움직임: 인간의 두 가지 주요 요소)
▶본문의 핵심 소재인 시간(time)에 대한 내용이 빠진 오답 보기

② Time Does Matter: A Hidden Essence of Touch
(시간은 정말 중요하다: 촉각의 숨겨진 본질)
▶**'촉각이라는 감각적 지각은 시간적 요소에 기반을 둔다'**는 본문의 내용에 가장 적절한 제목!
▶핵심 소재(time, touch)가 모두 들어갔으며, 「핵심 소재: 부연설명」의 형태

③ How to Use the Five Senses in a Timely Manner
(오감을 적시에 사용하는 방법)
▶본문의 촉각(touch)에 대한 내용에서 오감에 대한 내용으로 지나치게 일반화한 오답 보기

④ The Role of Touch in Forming the Concept of Time
(시간 개념 형성에서 촉각의 역할)
▶시간 개념을 형성하는 데 촉각이라는 요소가 필요한 것이 아니라 촉각의 개념을 형성하는 데 시간이라는 요소가 필요한 것이므로, 정의의 순서가 바뀐 오답 보기

⑤ The Surprising Function of Touch as a Booster of Knowledge
(지식의 촉진제로서 촉각의 놀라운 기능)
▶촉각의 일반적인 특징을 활용한 오답 보기

주요 어휘 및 표현

temporal 시간의
phenomenon 현상
every bit 전적으로
spatial 공간적인
carry out ~을 수행하다
experiment 실험
cup 손을 컵 모양으로 만들다
ordinary 평범한, 일상적인
identify 알아내다, 식별하다
clue 단서
at once 즉시, 단번에
sensory 감각적인
perception 지각, 인지
acuity 예민함
button 단추를 잠그다
unlock 열다
continuous 지속적인
time-varying 시간에 따라 달라지는

5 요약문

(1) 비법 연습 문제

정답

본문 77쪽

[①]

해석

1) 1992년에 리우데자네이루에서 열린 국제 연합 환경 회의가 '지속 가능성'이라는 용어를 전 세계적으로 널리 알려지게 만든 후에 그 단어는 친환경적으로 보이기를 원하지만, 자신의 행동을 진짜 바꿀 의도는 아니었던 사람들에 의해 인기 있는 유행어가 되었다. 그러나 그런 다음 십여 년이 지난 후, 일부 정부, 산업, 교육 기관, 그리고 조직이 그 용어를 진지하게 사용하기 시작했다.
2) 초기 단계에서 '지속 가능성'이라는 용어는 친환경 의식이 있는 체했던 사람들 사이에서 인기가 있었지만, 나중에 그것은 자신의 친환경주의적 생각을 실현하고자 하는 사람들이 사용하게 되었다

주요 어휘 및 표현

conference 회의
sustainability 지속 가능성
buzzword 유행어
pro-environmental 친환경적인
intend 의도하다
phase 단계, 국면
eco-conscious 환경 의식이 강한
disregard 무시하다

(2) 기출 연습 문제

정답

본문 78쪽

[⑤]

해석

코끼리 집단은, 예컨대 먹이의 이용 가능성의 변화에 대응하여, 매우 자주 헤어지고 재결합하기 때문에 코끼리 사회에서는 영장류들 사이에서 보다 재결합이 더 중요하다. 그래서 이 종은 정교한 인사 행동을 진화시켜 왔는데, 그 형태는 개체들 사이의 사회적 유대감의 강도를 반영한다. (마치 여러분이 오래 전부터 알고 지내온 지인들과는 단지 악수만 하지만 한동안 보지 못했던 친한 친구는 껴안고, 어쩌면 눈물까지 흘릴 수도 있는 것처럼 말이다.) 코끼리는 단순히 코를 서로의 입안으로 갖다 대면 서 인사를 할 수도 있는데, 이것은 아마도 사람들이 뺨에 가볍게 입 맞추는 것과 같을 것이다. 그러나 오랜 공백 후에 가족이나 친밀 집단의 구성원들은 믿을 수 없을 정도로 극적인 모습을 보이며 서로에게 인사한다. 강렬함이 친밀도뿐만 아니라 떨어져 있었던 시간의 길이도 반영한다는 사실은 코끼리들에게도 시간적 감각이 있다는 것을 암시한다. 사람들의 눈에 이런 인사 행위는 공감을 불러일으킨다. 나는 국제공항 터미널 도착 구역에서 흔히 볼 수 있는 즐거운 상봉 장면이 생각난다.

→ 코끼리의 진화된 인사 행동은 그들이 얼마나 사회적으로 유대감을 갖고 있으며 얼마나 오랫동안 헤어져 있었는지를 보여주는 지표가 될 수 있다.

주요 어휘 및 표현

reunite 재결합하다
elaborate 정교한
intimacy 친밀함
indicator 지표
primate 영장류
acquaintance 지인, 아는 사람
strike a familiar chord 공감을 불러일으키다
theatrical 극적인

(3) 실전 연습 문제

정답

본문 81쪽

1. [①]

해석

까마귀는 놀랄 만큼 영리한 조류이다. 그들은 닭과 같은 다른 새들과 비교하여 더 복잡한 많은 문제들을 해결할 수 있다. 부화한 후에 닭은, 둥지로 자신들에게 먹이를 가져다주는 어미새에게 의존하는 까마귀보다 훨씬 더 빨리 분주하게 자신의 먹이를 쪼아 먹는다. 하지만, 다 자랐을 때 닭은 매우 제한적인 먹이를 찾는 능력을 지닌 반면, 까마귀는 먹이를 찾는 데 있어서 훨씬 더 유연하다. 까마귀는 또한 (결국) 더 크고 더 복잡한 뇌를 가지게 된다. 그들은 부화와 둥지를 떠나는 것 사이에 연장된 기간을 가짐으로써 지능을 발달시킬 수 있게 된다.

비법적용

Crows are more ____(A)____ than chickens because crows have a longer period of ____(B)____	(A)	(B)
	① intelligent	… dependency
	② passive	… dependency
	③ selfish	… competition
	④ intelligent	… competition
	⑤ passive	… hunting

☞ 비법1) **요약문 읽고 개요 파악하기**

(까마귀는 닭보다 더 ________하다.)

(왜냐하면 까마귀는 더 긴 ________기간을 갖기 때문이다.)

☞ 비법2) **선택지 활용해 예상하기**

ⅰ. 선택지를 봤을 때, 빈칸 (A), (B)에 들어갈 말은 각각 (A): 형용사 / (B): 명사

ⅱ. 선택지를 요약문의 빈칸에 대입해봤을 때, 아래의 경우들로 글의 방향이 좁혀짐

(까마귀는 닭보다 더 영리하다/수동적이다/이기적이다.)

(왜냐하면 까마귀는 더 긴 의존/경쟁/사냥 기간을 갖기 때문이다.)

Crows are a **remarkably clever** family of birds. They **are capable of solving many more complex**
❶ 까마귀의 영리함을 언급 ❷ 까마귀의 영리함을 다른 표현으로 언급

problems compared to other birds, such as chickens. 〈글의 전개방식: 양괄〉

☞ **주제문: 까마귀는 (닭 등과 비교했을 때) 놀랄 만큼 영리한(remarkably clever) 조류임**

☞ 비법3) **본문 읽고 빈칸의 단서 찾기**

→ 빈칸 (A)에서 intelligent로 선택지가 좁혀짐 / (B)는 우선 보류하고 아래 내용 더 읽어보기

After hatching, chickens peck busily for their own food much faster than crows, which **rely on the parent bird** to bring them food in the nest.

☞ **부연: 부화한 후 닭은 자신의 먹이를 분주히 쪼아 먹는다, 어미에게 의존하는(rely on) 까마귀보다 더 빨리**

☞ 비법3) **본문 읽고 빈칸의 단서 찾기**

→ 빈칸 (B)에서 dependency로 선택지가 좁혀짐

(후술되는 내용을 보면, 이러한 의존성이 까마귀의 영리함으로 이어짐을 알 수 있음)

However, as adults, chickens have very limited hunting skills whereas **crows are much more flexible in hunting for food**.

❸ **까마귀의 영리함을 다른 표현으로 언급**

☞ **However, whereas 접속사를 활용하여, 닭과 까마귀의 먹이를 찾는 능력의 차이를 직접 비교하면서, 닭보다 까마귀가 더 유연한 먹이 찾기 능력을 가지고 있음을 보여줌.** 〈글의 전개방식: 대조〉

Crows also end up with **bigger and more complex brains**.

☞ 비법3) **본문 읽고 빈칸의 단서 찾기**

→ 빈칸 (A)에서 intelligent로 선택지가 좁혀짐을 재확인

Their extended period between hatching and flight from the nest **enables them to develop intelligence.**

☞ **부연: 부화와 둥지를 떠나는 것 사이의 연장된 기간(extended period)은 까마귀의 지능을 발달시킨다.**

☞ 비법3) **본문 읽고 빈칸의 단서 찾기**

→ 빈칸 (B)에서 (a longer period of) dependency로 선택지가 좁혀짐을 재확인

☞ **요약문 완성 (까마귀는 닭보다 더 영리하다.)**

(왜냐하면 까마귀는 더 긴 기간 동안 의존성을 갖기 때문이다.)

오답의 모든 것

① (A) intelligent (B) dependency	**▶본문에서의 '매우 똑똑한(remarkably clever)', '더 크고 복잡한 두뇌(bigger and more complex brains)', '지능을 발전시키기 위해(to develop intelligence)' 등은 (A) intelligent로 대체 가능하며, '부모 새에게 의존한다(rely on the parent bird)', '연장된 의존 기간(Their extended period)' 등은 (B) dependency로 대체 가능하므로 정답 보기**
② (A) passive (B) dependency	▶(A)에서 까마귀가 '수동적(passive)'이라는 내용은 본문에 없으므로 오답 보기
③ (A) selfish (B) competition	▶(A)에서 까마귀가 '이기적(selfish)'이라는 내용과, (B)에서 '더 긴 경쟁(competition) 기간을 가진다'는 내용은 본문에 없으므로 오답 보기
④ (A) intelligent (B) competition	▶(B)에서 까마귀가 '더 긴 경쟁(competition)기간을 가진다'는 내용은 본문에 없으므로 오답 보기
⑤ (A) passive (B) hunting	▶(A)에서 까마귀가 '수동적(passive)'이라는 내용과, (B)에서 '더 기간의 사냥(hunting) 기간을 가진다'는 내용은 본문에 없으므로 오답 보기

주요 어휘 및 표현

crow 까마귀
remarkably 놀랄 만큼
hatch 부화하다
rely on ~ to do …할 것이라고 믿다
flexible 유연한
nest 둥지
complex 복잡한
whereas 반면에
flight 집을 떠남, 비행
intelligence 지능

정답 2. [③]

해석

한 실험에서, 실험 대상자들은 한 사람이 30개의 선다형 문제를 푸는 것을 관찰했다. 모든 경우에, 15개의 문제가 정확하게 해결되었다. 한 실험 대상자 집단은 그 사람이 전반부에 더 많은 문제를 정확하게 푸는 것을 보았고, 다른 실험 대상자 집단은 그 사람이 후반부에 더 많은 문제를 정확하게 푸는 것을 보았다. 그 사람이 초반의 예제에서 더 잘하는 것을 본 집단은 그 사람을 더 똑똑하다고 여겼고 그가 더 많은 문제들을 올바르게 풀었다고 기억했다. 그 차이에 대해 설명하자면, 한 집단은 초기 정보에서 그 사람이 똑똑하다는 의견을 형성한 반면, 다른 집단은 그 반대의 의견을 형성했다는 것이다. 일단 이러한 의견이 형성되면, 반대되는 증거가 제시될 때, 그것은 나중의 과제 수행을 우연이나 문제 난이도와 같은 다른 어떤 원인의 탓으로 돌림으로써 무시될 수 있다.

비법적용

People tend to form an opinion based on (A) data, and when evidence against the opinion is presented, it is likely to be (B) .

☞ 비법1) **요약문 읽고 개요 파악하기**

(인간은 ______한 정보에 근거하여 의견을 형성하는 경향이 있다.)

(그 의견에 반대되는 증거가 제시되면, 그 증거는 ______될 가능성이 높다.)

☞ 비법2) **선택지 활용해 예상하기**

ⅰ. 선택지를 봤을 때, 빈칸 (A), (B)에 들어갈 품사는 각각 (A): 형용사 / (B): 형용사

ⅱ. 선택지를 요약문의 빈칸에 대입해봤을 때, 아래의 경우들로 글의 방향이 좁혀짐

(인간은 더 많은/더 초기의/더 쉬운 정보에 근거하여 의견을 형성하는 경향이 있다.)

(그 의견에 반대되는 증거가 제시되면, 그 정보는 수용될/검증될/무시될 가능성이 높다.)

In one experiment, subjects observed a person solve 30 multiplechoice problems. In all cases, 15 of the problems were solved correctly.

☞ **전반부에서 예시와 함께 핵심소재 등장** (한 실험에서, 실험 대상자들은 한 사람이 30개의 선다형 문제를 푸는 실험을 관찰했음)

One group of subjects saw the person solve **more problems correctly in the first half**

❶ 한 실험 대상자 집단은 피실험자가 전반부에 더 많은 문제를 정확하게 푸는 것을 봄

and **another group** saw the person solve **more problems correctly in the second half**

❷ 다른 실험 대상자 집단은 피실험자가 후반부에 더 많은 문제를 정확하게 푸는 것을 봄

The group that saw the person perform better on the initial examples rated the person as more intelligent and recalled that he had solved more problems correctly.

☞ **❶❷ 실험 결과: 전반부에 더 잘 풀었던 피실험자를 본 집단이 그 사람을 더 똑똑하다고 평가함**

☞ 왜 이러한 실험 결과가 나왔는지 이유를 알려주는 내용이 뒤따라 올 것이라고 예측 가능

The explanation for the difference is that **one group formed the opinion that the person was intelligent on the initial set of data**, while the other group formed the opposite opinion.

☞ **설명: 피실험자가 초반부에 잘하는 것을 본 집단은 그 사람이 똑똑하다고 판단한 반면, 피실험자가 후반부에서야 잘하는 것을 본 집단은 그 사람이 똑똑하지 않다고 판단함**

☞ 비법3) **본문 읽고 빈칸의 단서 찾기**

→ 빈칸 (A)에서 earlier로 선택지가 좁혀짐 (on the initial set of data = '초기 정보에 근거하여')

Once this opinion is formed, when opposing evidence is presented **it can be discounted** by attributing later performance to some other cause such as chance or problem difficulty.

☞ **주제문: 일단 이러한 의견이 형성되면, 반대되는 증거가 제시될 때, 그것은 나중의 과제 수행을 우연이나 난이도 등의 다른 원인의 탓으로 돌림으로써 무시될 수 있다.** 〈글의 전개방식: 미괄〉

☞ 비법3) **본문 읽고 빈칸의 단서 찾기**

→ 빈칸 (B)에서 ignored로 선택지가 좁혀짐 (it can be discounted = '무시될 수 있다')

☞ **요약문 완성 (인간은 더 초기의 정보에 근거하여 의견을 형성하는 경향이 있다.)**
(그 의견에 반대되는 증거가 제시되면, 그 증거는 무시될 가능성이 높다.)

오답의 모든 것

① (A) more (B) accepted	▶(A)에서 인간이 '더 많은(more) 정보에 근거해 의견을 형성한다'는 본문에 없고, (B)에서 '반대 증거가 수용된다(accepted)'는 본문과 완전히 상반되는 내용이므로 오답 보기
② (A) more (B) tested	▶(A)에서 인간이 '더 많은(more) 정보에 근거해 의견을 형성한다'는 본문에 없고, (B)에서 '반대 증거가 검증된다(tested)'는 본문과 상관없는 내용이므로 오답 보기
③ (A) earlier (B) ignored	▶**본문에서의 '초반부의 예제(initial examples)', '초기 정보(initial set of data)' 등은 (A) earlier로 대체 가능하며, '무시된다(be discounted)'는 (B) ignored로 대체 가능하므로 정답 보기**
④ (A) earlier (B) accepted	▶(B)에서 반대 증거가 '수용된다(accepted)'는 본문과 완전히 상반되는 내용이므로 오답 보기
⑤ (A) easier (B) ignored	▶(A)에서 인간이 '더 쉬운(easier) 정보에 근거해 의견을 형성한다'는 본문에 없으므로 오답 보기

주요 어휘 및 표현

experiment 실험
observe 관찰하다
multiple-choice 선다형의
perform 과제를 수행하다
initial 초반의, 초기의
rate 여기다, 평가하다
intelligent 똑똑한
recall 회상하다
opposite 반대의
discount 무시하다, 할인하다

정답

본문 83쪽

3. [①]

해석

천연자원이 풍부한 일부 개발도상국들은 자국의 천연자원에 대한 지나친 의존을 초래하는 경향이 있으며, 이로 인해 더 낮은 생산적 다양화와 더 낮은 성장률을 초래한다. 자원의 풍요가 그 자체로 해가 되어야 하는 것은 아니다. 많은 나라가 풍부한 천연자원을 가지고 있으며 자국의 경제 활동을 다양화함으로써 그것(풍부한 천연자원)에 대한 의존에서 그럭저럭 벗어났다. 가장 중요한 나라들을 꼽자면 캐나다, 호주, 또는 미국의 경우가 그러하다. 하지만 일부 개발도상국들은 자국의 많은 천연자원에 대한 의존에 갇혀 있다. 자연 자본에 대한 과도한 의존은 다른 형태의 자본을 배제하고 그로 인해 경제 성장을 저해하는 경향이 있기 때문에 그들은 일련의 문제를 겪고 있다.

비법적용

Relying on rich natural resources without __(A)__ economic activities can be a __(B)__ to economic growth.

☞ 비법1) **요약문 읽고 개요 파악하기**

(경제 활동을 ______하지 않고 풍부한 천연자원에만 의존하는 것은
경제 성장에 있어 ______이 될 수 있다.)

☞ 비법2) **선택지 활용해 예상하기**

i . 선택지를 봤을 때, 빈칸 (A), (B)에 들어갈 말은 각각 (A): 명사 / (B): 명사

ii . 선택지를 요약문의 빈칸에 대입해봤을 때, 아래의 경우들로 글의 방향이 좁혀짐
(경제 활동을 다양화/제한/연결하지 않고 풍부한 천연자원에만 의존하는 것은
경제 성장에 있어 장애물/지름길/도전이 될 수 있다.)

〈글의 전개방식: 양괄, 인과〉

Some natural resource-rich developing countries tend to create an **excessive dependence on their natural resources** (❶ 천연자원에 대한 지나친 의존), which generates **a lower productive diversification and a lower rate of growth** (❷ 그로 인해 생긴 결과: 낮은 다양화와 성장률).

☞ **주제문: 일부 개발도상국의 천연자원에 지나친 의존은 낮은 생산적 다양화와 낮은 성장률을 초래한다.**

☞ 비법3) **본문 읽고 빈칸의 단서 찾기**

→ 빈칸 (A)에서 without varying으로 선택지가 좁혀짐 (lower productive diversification)

Resource abundance in itself need not do any harm: many countries have abundant natural resources and have managed to **outgrow their dependence on them by diversifying their economic activity**.

❸ **경제 활동을 다양화해 → 천연자원에 대한 의존에서 벗어남**

☞ 비법3) **본문 읽고 빈칸의 단서 찾기**

→ 빈칸 (A)에서 without varying으로 선택지가 좁혀짐을 재확인 (diversifying their economic activity)

That is the case of Canada, Australia, or the US, to name the most important ones.

❹ 천연자원이 풍부한 나라들의 예시로 캐나다, 호주, 미국 등이 있음

But some developing countries **are trapped** in their dependence on their large natural resources.

대조 연결사

☞ **설명: 하지만 일부 개발도상국은 자국의 천연자원에 대한 의존성에 갇혀있다.**

☞ 비법3) **본문 읽고 빈칸의 단서 찾기**

→ 빈칸 (B)에서 barrier로 선택지가 좁혀짐 (= are trapped)

They suffer from a series of problems since a **heavy dependence on natural capital** tends to exclude other types of capital and thereby **interfere with economic growth**.

☞ **주제문: 자연 자본에 대한 과도한 의존은 경제 성장을 저해한다.**

☞ 비법3) **본문 읽고 빈칸의 단서 찾기**

→ 빈칸 (B)에서 barrier로 선택지가 좁혀짐을 재확인 (= interfere with)

☞ **요약문 완성 (경제 활동을 다양화하지 않고 풍부한 천연자원에만 의존하는 것은 경제 성장에 있어 장애물이 될 수 있다.)**

오답의 모든 것

① (A) varying (B) barrier	**▶본문에서의 '다양화(diversification)', '경제 활동의 다양화(diversifying their economic activity)' 등은 (A) varying으로 대체 가능하며, '갇혀있다(are trapped)', '경제 성장을 저해한다(interfere with economic growth)' 등은 (B) barrier로 대체 가능하므로 정답 보기**
② (A) varying (B) shortcut	▶(B)에서 풍부한 천연자원에 의존하는 것이 경제 성장에 '지름길(shortcut)이 된다'는 본문과 완전히 상반되는 내용이므로 오답 보기
③ (A) limiting (B) challenge	▶(A)에서 경제 활동을 '제한(limiting)'하지 않는 것은 경제 성장을 저해한다는 표현은 본문과 완전히 상반되며, (B)에서 이것이 경제 성장에 '도전(challenge)이 된다'는 내용은 본문에 없으므로 오답 보기
④ (A) limiting (B) barrier	▶(A)에서 경제 활동을 '제한(limiting)'하지 않는 것은 경제 성장을 저해한다는 표현은 본문과 완전히 상반되므로 오답 보기
⑤ (A) connecting (B) shortcut	▶(A)에서 경제 활동을 '연결(connecting)'하지 않는 것은 경제 성장을 저해한다는 표현이나, (B)에서 이것이 경제 성장에 있어 '지름길(shortcut)'이 된다는 내용은 본문에 없으므로 오답 보기

주요 어휘 및 표현

excessive 지나친, 과도한
dependence 의존
generate 초래하다, 야기하다
diversification 다양화
trap 가두다
exclude 배제하다
abundance 풍요
in itself 그 자체로
abundant 풍부한
outgrow ~에서 벗어나다
capital 자본(금), 자원
interfere with ~을 저해하다

(4) 고난도 연습 문제

정답

본문 84쪽

[③]

해석

비교 문화적 관점에서 대중적인 지도력과 지배력 사이의 방정식은 의심스럽다. '지배력'이 의미하는 바는 무엇인가? 그것은 강제를 나타내는 것인가? 아니면 '가장 가치 있는 것'에 대한 통제인가? '정치적' 시스템은 둘 다에 관한 것일 수도, 둘 중 하나에 관한 것일 수도, 아니면 아마도 둘 다에 관한 것이 아닐 수도 있다. '통제'라는 생각은 많은 부족에게는 성가신 것일 텐데, 예를 들어 공동체의 모든 구성원이 개인의 자율성을 좋아하고 통제나 강제가 명백하게 표현되는 어떤 것이든 몹시 싫어하는 아마존의 많은 원주민 부족 사이에서처럼 말이다. 서양의 고정관념일지 모르겠지만, '강제적인' 힘으로서 정치권력이라는 개념은 보편적인 것이 아니다. 아마존의 지도자가 명령을 내리는 것은 매우 이례적이다. 많은 부족이 정치권력을 강제적인 힘으로, '또한 가장 가치 있는 영역으로' 여기지 않는다면, '정치적인 것'에서 (강제로서의) '지배'로, '그리고 거기에서' '여성에 대한 지배'로 비약하는 것은 불안정한 비약이다. Marilyn Strathern이 말한 것처럼, '정치적인 것'과 '정치적 개성'이라는 개념은 우리 자신의 문화적 강박 관념으로, 인류학적 구성 개념에 오랫동안 반영된 편견이다.

비법적용

It is __(A)__ to understand political power in other cultures through our own notion of it because ideas of political power are not __(B)__ across cultures.

☞ **비법1) 요약문 읽고 개요 파악하기**

(우리 자신의 개념으로 다른 문화권의 정치권력 개념을 이해하는 것은 ______하다.)

(왜냐하면 정치권력의 개념은 문화마다 ______하지 않기 때문이다.)

☞ **비법2) 선택지 활용해 예상하기**

ⅰ. 선택지를 봤을 때, 빈칸 (A), (B)에 들어갈 말은 각각 <u>(A): 형용사/ (B): 형용사</u>

ⅱ. 선택지를 요약문의 빈칸에 대입해봤을 때, 아래의 경우들로 글의 방향이 좁혀짐

(우리의 개념으로 다른 문화권의 정치권력 개념을 이해하는 것은 <u>이성적인/적절한/잘못된/부당한/효과적인</u> 것이다.)

(왜냐하면 정치권력의 개념은 문화마다 <u>유연하지/흔하지/동일하지/다양하지/객관적이지</u> 않기 때문이다.)

From a cross-cultural perspective <u>the equation between public leadership and dominance is questionable</u>

☞ **전반부에서 핵심소재 등장** (비교 문화적 관점에서 대중적인 지도력과 지배력 사이의 방정식은 의심스러움)

What does one mean by 'dominance'? Does it indicate coercion? Or control over 'the most valued'? 'Political' systems may be about both, either, or conceivably neither. **The idea of 'control' would be a bothersome one** for many peoples, as for instance among many native peoples of Amazonia where all members of a community are fond of their personal autonomy and notably allergic to any obvious expression of control or coercion.

☞ **예시: '통제'라는 생각은 많은 부족에게는 성가신 것**

(자율성을 좋아하고 어떤 통제나 강제도 몹시 싫어하는 아마존의 많은 원주민 부족)

〈글의 전개방식: 중괄, 대조〉

The conception of political power as a coercive force, while it may be a Western fixation, is not a universal. It is very unusual for an Amazonian leader to give an order.

☞ **주제문: 서양의 고정관념인 '강제적인' 힘으로서의 정치권력은 보편적인 것이 아님**

☞ 비법3) **본문 읽고 빈칸의 단서 찾기**

→ 빈칸 (B)에서 commonplace(흔한), uniform(동일한), objective(객관적인)으로 선택지가 좁혀짐 (= not a universal)

(강제적 힘으로서의 정치권력은 문화에 따라 '흔한 것이 아님', '동일한 것이 아님', '객관적으로 인정되는 것이 아님'이라는 경우의 수가 가능하나, 다른 선택지의 '유연한 것이 아님', '다양한 것이 아님'은 부적절)

If many peoples do not view political power as a coercive force, *nor as the most valued domain,* then the leap from 'the political' to 'domination'(as coercion), *and from there* to 'domination of women', is a **shaky** one.

☞ **설명: 많은 부족이 정치권력을 강제적인 힘으로, 또는 가장 가치 있는 영역으로 여기지 않는다면, '정치적인 것' → '강제적인 지배' → '여성에 대한 지배'로 비약하는 것은 불안정한 비약이다.**

☞ 비법3) **본문 읽고 빈칸의 단서 찾기**

→ 빈칸 (A)에서 misguided(잘못된), unreasonable(비합리적인)으로 선택지가 좁혀짐 (= shaky)

(정치권력을 '강제적인 힘'으로 비약해서 이해하는 것은 '잘못된 것', '비합리적인 것'이라는 경우의 수가 가능하나, 다른 선택지의 '이성적인/적절한/효과적인 것'은 부적절)

As Marilyn Strathern has remarked, the notions of 'the political' and 'political personhood' are **cultural obsessions of our own, a bias** long reflected in anthropological constructs.

☞ **설명: '정치적인 것'과 '정치적 개성'이라는 개념은 우리 자신의 문화적 강박 관념으로, 이는 인류학적 구성 개념에 오랫동안 반영된 편견이다.**

☞ 비법3) **본문 읽고 빈칸의 단서 찾기**

→ 빈칸 (A)에서 misguided(잘못된), unreasonable(비합리적인)으로 선택지가 좁혀짐을 재확인 (= bias)

☞ **요약문 완성 (우리 자신의 개념으로 다른 문화권의 정치권력 개념을 이해하는 것은 잘못된 것이다.)**

(왜냐하면 정치권력의 개념은 문화마다 동일하지 않기 때문이다.)

오답의 모든 것

① (A) rational (B) flexible	▶(A)에서 우리 자신의 개념으로 다른 문화권의 정치권력 개념을 이해하는 것은 '이성적인 것이다'라는 표현은 본문과 완전히 상반되는 내용이며, (B)에서 정치권력의 개념은 문화마다 '유연하지 않다'는 내용 역시 본문 흐름과 정반대의 내용이므로 오답 보기
② (A) approrpriate (B) commonplace	▶본문에서 '강제적 힘으로서의 정치권력 개념은 보편적인 것이 아니다'라는 필자의 주장으로 미루어 볼 때, (B)에서 정치권력의 개념은 문화마다 '흔한 것이 아니다'는 표현이 가능할 수도 있다. 하지만 (A)에서 우리 자신의 개념으로 다른 문화권의 정치권력 개념을 이해하는 것은 '적절한 것이다'라는 표현은 본문과 완전히 상반되는 내용이므로 오답 보기
③ (A) misguided (B) uniform	**▶본문에서의 정치권력을 강제적 힘으로 비약해 이해하는 것은 '불안정한 비약(shaky one)'이며, 우리 자신의 문화적 강박 관념이자 편견(cultural obsession of our own, a bias)'이라는 내용은 (A)의 misguided 라는 어휘로 대체 가능하다. 또한 강제적 힘으로서의 정치권력 개념은 '보편적인 것이 아니다(not a universal)'라는 내용은 (B)의 (not) uniform으로 대체 가능하므로 정답 보기**
④ (A) unreasonable (B) varied	▶(A)에서 우리 자신의 개념으로 다른 문화권의 정치권력 개념을 이해하는 것은 '비합리적인 것이다'라는 표현은 본문의 내용과 어울리지만, (B)에서 정치권력의 개념은 문화마다 '다양한 것이 아니다'라는 내용은 본문과 완전히 상반되는 내용이므로 오답 보기
⑤ (A) effective (B) objective	▶본문에서 '강제적 힘으로서의 정치권력 개념은 보편적인 것이 아니다'라는 필자의 주장으로 미루어 볼 때, (B)에서 정치권력의 개념은 문화마다 '객관적인 것이 아니다'는 표현이 가능할 수도 있다. 하지만 (A)에서 우리 자신의 개념으로 다른 문화권의 정치권력 개념을 이해하는 것은 '효과적인 것이다'라는 표현은 본문과 완전히 상반되는 내용이므로 오답 보기

주요 어휘 및 표현

equation 방정식
dominance 지배력
questionable 의심스러운
conceivably 아마도, 생각건대
bothersome 성가신
leap 비약, 도약
domination 지배, 우세
shaky 불안정한
bias 편견
be allergic to ~를 몹시 싫어하다
obvious 명백한
conception 개념
fixation 고정관념
universal 보편적인 것
notion 개념
personhood 개성
obsession 강박 (관념)
construct 구성 개념, 구성체

2 글의 세부내용 관련 독해 유형

1 내용일치/불일치

(1) 비법 연습 문제

본문 89쪽

정답

① O　② X　③ O　④ O

해석

1) 선사 시대 예술의 의미와 목적에 대한 고찰은 현대의 수렵 채집 사회와의 사이에서 끌어낸 유사점에 많은 것을 의존한다.
2) 토템 신앙의 풍습에서 문맹의 인류는 "자연 속에서의 자신과 자신의 위치에 대해 곰곰이 생각한다."라고 그는 말했다.
3) 과학만능주의는 현실에 대한 과학적 기술만이 존재하는 유일한 진실이라는 견해이다.
4) 과학 철학은 투박한 과학만능주의를 피하고 과학적 방법이 성취할 수 있는 것과 성취할 수 없는 것에 대한 균형 잡힌 시각을 가지려고 노력한다.

주요 어휘 및 표현

speculation 숙고, 고찰
prehistoric 선사시대의
analogy 비유, 유사점
hunter-gatherer 수렵채집인
totemism 토템 신앙
unlettered 문맹의
scientism 과학만능주의
humanity 인류
brood upon 심사숙고하다
crude 가공하지 않은, 투박한

(2) 기출 연습 문제

정답

본문 90쪽

[⑤]

해석

Nuer 족은 South Sudan의 가장 큰 민족 집단 중 하나로, 주로 Nile River Valley 에 거주한다. Nuer 족은 소를 기르는 민족으로, 그들의 일상생활은 자신들의 소를 중심으로 돌아간다. 그들에게는 소와 관련된 다양한 용어가 있어서 색상, 무늬, 그리고 뿔의 모양에 근거해서 수백 가지 유형의 소를 구별할 수 있다. 그들은 자신이 기르는 소의 이름으로 불리는 것을 선호한다. Nuer 족에게 가장 일반적인 일상 음식은 유제품으로, 특히 어린이들을 위해서는 우유이고 어른들을 위해서는 요구르트와 같은 산 유(酸乳)이다. 그리고 야생 과일과 견과류는 Nuer 족이 특히 좋아하는 간식이다. Nuer 족에게는 또한 집안의 나이가 든 구성원만 세는 문화가 있다. 그들은 어떤 사람이 가진 아이의 수를 세는 것은 불운을 가져온다고 믿고 있으며, 자신이 가진 것보다 더 적은 수의 아이를 말하기를 선호한다.

주요 어휘 및 표현

reside in ~에 거주하다
term 용어
marking 무늬
soured milk 산유(酸 乳)
revolve around ~을 중심으로 돌아가다
distinguish 구별하다
horn 뿔
misfortune 불운

(3) 실전 연습 문제

정답

본문 92쪽

1. [⑤]

해석

Mae C. Jemison은 1987년에 최초의 흑인 여성 우주 비행사로 임명되었다. 1992년 9월 12일, 그녀는 과학 임무 전문가로 우주 왕복선 'Endeavor'호를 타고 역사적인 8일 간의 비행에 나섰다. Jemison은 1993년에 미국 항공 우주국(NASA)을 떠났다. 그녀는 1995년부터 2002년까지 Dartmouth 대학의 환경학과 교수였다. Jemison은 Alabama주의 Decatur에서 태어났고, 세 살 때 가족과 함께 Chicago로 이주했다. 그녀는 1977년 화학 공학과 아프리카계 미국학 분야의 학위를 받고 Stanford 대학을 졸업하였다. Jemison은 1981년 Cornell 의과 대학에서 의학 학위를 받았다.

비법적용

On September 12, 1992, she boarded the space shuttle Endeavor as a science mission specialist on the historic eightday flight.

☞ ❶ Mae C. Jemison은 1992년 9월 12일 과학 임무 전문가로 우주 왕복선 'Endeavor'호를 타고 역사적인 8일 간의 비행에 나섬

Jemison left the National Aeronautic and Space Administration (NASA) in 1993.

☞ ❷ Jemison은 1993년에 미국 항공 우주국(NASA)을 떠남

She was a professor of Environmental Studies at Dartmouth College from 1995 to 2002.

☞ ❸ 그녀는 1995년부터 2002년까지 Dartmouth 대학의 환경학과 교수로 재직함

Jemison was born in Decatur, Alabama, and moved to Chicago with her family when she was three years old.

☞ ❹ Jemison은 Alabama주의 Decatur에서 태어났고, 세 살 때 가족과 함께 Chicago로 이주함

She graduated from Stanford University in 1977 with a degree in chemical engineering and AfroAmerican studies.

☞ ❺ 그녀는 1977년 화학 공학과 아프리카계 미국학 분야의 학위를 받고 Stanford 대학을 졸업함

① 1992년에 우주 왕복선에 탑승했다.
② 1993년에 NASA를 떠났다.
③ Dartmouth 대학의 환경학과 교수였다.
④ 세 살 때 가족과 함께 Chicago로 이주했다.
⑤ Stanford 대학에서 의학 학위를 받았다. → 불일치

오답의 모든 것

① 1992년에 우주 왕복선에 탑승했다.

▶본문 두 번째 문장에서 Jemison은 1992년 9월 12일에(On September 12, 1992,) 우주 왕복선 Endeavor호를 타고(boarded the space shuttle) 비행에 나섰다는 내용과 일치하므로 오답 보기

② 1993년에 NASA를 떠났다.

▶본문 세 번째 문장에서 Jemison은 1993년에 NASA를 떠났다(left the NASA in 1993)는 내용과 일치하므로 오답 보기

③ Dartmouth 대학의 환경학과 교수였다.

▶본문 네 번째 문장에서 Jemison은 1995년부터 2002년까지 Dartmouth 대학의 환경학과 교수였다(a professor of Environmental Studies at Dartmouth College)는 내용과 일치하므로 오답 보기

④ 세 살 때 가족과 함께 Chicago로 이주했다.

▶본문 다섯 번째 문장에서 Jemison은 Alabama주의 Decatur에서 태어났고, 세 살 때 가족과 함께 Chicago로 이주했다(moved to Chicago with her family when she was three years old)는 내용과 일치하므로 오답 보기

⑤ Stanford 대학에서 의학 학위를 받았다.

▶본문 후반부에서 Jemison은 1977년 **'Stanford 대학에서 화학 공학과 아프리카계 미국학 분야의 학위'**를 받고 졸업하였고, 1981년 **'Cornell 의과 대학에서 의학 학위'**를 받았다고 진술하고 있으므로, **'Standford 대학에서 의학 학위를 받았다'**는 선택지의 내용은 이와 일치하지 않는 정답 보기

주요 어휘 및 표현

name 임명하다
board 타다, 승선하다
mission 임무
Environmental Studies 환경학(과)
astronaut 우주 비행사
space shuttle 우주 왕복선
specialist 전문가
chemical engineering 화학 공학

정답

본문 93쪽

2. 정답 [⑤]

해석

Shirley Chisholm은 1924년 New York의 Brooklyn에서 태어났다. Chisholm은 Barbados에서 어린 시절의 일부를 할머니와 함께 지냈다. Shirley는 Brooklyn 대학에 다니면서 사회학을 전공했다. 1946년에 Brooklyn 대학을 졸업한 후 그녀는 교사로서의 경력을 시작했고, 더 나아가 Columbia 대학에서 초등 교육 석사 학위를 취득했다. 1968년에 Shirley Chisholm은 미국 최초의 아프리카계 미국인 여성 하원 의원이 되었다. 그녀는 시민권, 여성의 권리 그리고 빈민들을 지지하는 목소리를 냈다. Shirley Chisholm은 미국의 베트남 전쟁 개입과 무기 개발의 확대에 반대했다.

비법적용

Chisholm spent part of her childhood in Barbados with her grandmother.
☞ ❶ Chisholm은 Barbados에서 어린 시절의 일부를 할머니와 함께 지냄

Shirley attended Brooklyn College and majored in sociology.
☞ ❷ Shirley는 Brooklyn 대학에 다니면서 사회학을 전공함

After graduating from Brooklyn College in 1946, she began her career as a teacher.
☞ ❸ 그녀는 1946년에 대학을 졸업한 후 교사로서의 경력을 시작함

In 1968, Shirley Chisholm became the United States' first AfricanAmerican congresswoman.
☞ ❹ 1968년에 Shirley Chisholm은 미국 최초의 아프리카계 미국인 여성 하원 의원이 됨

Shirley Chisholm was against the American involvement in the Vietnam War.
☞ ❺ Shirley Chisholm은 미국의 베트남 전쟁 개입에 반대함

① 어린 시절에 할머니와 함께 지낸 적이 있다.
② Brooklyn 대학에서 사회학을 전공했다.
③ 대학 졸업 후 교사로 일하기 시작했다.
④ 미국 최초의 아프리카계 미국인 여성 하원 의원이었다.
⑤ 미국의 베트남 전쟁 개입을 지지했다. → 불일치

오답의 모든 것

① 어린 시절에 할머니와 함께 지낸 적이 있다.

▶본문 두 번째 문장에서 Shirley Chisholm은 Barbados에서 어린 시절의 일부를 할머니와 함께 지냈다(spent part of her childhood with her grandmother)는 내용과 일치하므로 오답 보기

② Brooklyn 대학에서 사회학을 전공했다.

▶본문 세 번째 문장에서 Shirley Chisholm은 Brooklyn 대학에서 사회학을 전공했다(attended Brooklyn College and majored in sociology)는 내용과 일치하므로 오답 보기

③ 대학 졸업 후 교사로 일하기 시작했다

▶본문 네 번째 문장에서 Shirley Chisholm은 1946년에 Brooklyn 대학을 졸업한 후 교사로서의 경력을 시작했다(she began her career as a teacher)는 내용과 일치하므로 오답 보기

④ 미국 최초의 아프리카계 미국인 여성 하원 의원이었다.

▶본문 다섯 번째 문장에서 Shirley Chisholm은 1968년에 미국 최초의 아프리카계 미국인 여성 하원 의원(the United States' first African-American congresswoman)이 되었다는 내용과 일치하므로 오답 보기

⑤ 미국의 베트남 전쟁 개입을 지지했다.

▶본문 후반부에서 Shirley Chisholm은 **'미국의 베트남 전쟁 개입에 반대했다(was against)'**고 진술하고 있으므로, **'미국의 베트남 전쟁 개입을 지지했다'**는 선택지의 내용은 이와 일치하지 않는 정답 보기

주요 어휘 및 표현

major in ~을 전공하다
sociology 사회학
graduate from ~을 졸업하다
career 경력
go on to 더 나아가 ~하다
master's degree 석사 학위
congresswoman 여성 하원 의원
speak out for ~을 지지하는 목소리를 내다
civil rights 시민권
involvement 개입

정답

본문 94쪽

3. [③]

해석

네덜란드의 수학자이자 천문학자인 Christiaan Huygens는 1629년 헤이그에서 태어났다. 그는 대학에서 법과 수학을 공부했고, 그런 후에 처음에는 수학에서, 그다음에는 망원경에 대한 작업을 하고 자기 자신의 렌즈를 갈면서 광학에서도 상당 기간을 자신의 연구에 바쳤다. Huygens는 영국을 몇 차례 방문했고, 1689년에 아이작 뉴턴을 만났다. 빛에 관한 연구 외에도 Huygens는 힘과 운동을 연구했으나, 뉴턴의 만유인력 법칙을 받아들이지 않았다. Huygens의 광범위한 업적에는 시계추에 관한 그의 연구의 결과물인, 당대의 가장 정확한 시계 중 몇몇이 포함되었다. 자신의 망원경을 사용하여 수행된 그의 천문학 연구에는 토성의 위성 중 가장 큰 타이탄의 발견과 토성의 고리에 대한 최초의 정확한 기술이 포함되었다.

비법적용

He studied law and mathematics at his university.

☞ ❶ Christiaan Huygens는 대학에서 법과 수학을 공부함

Huygens visited England several times, and met Isaac Newton in 1689.

☞ ❷ Huygens는 영국을 몇 차례 방문했고, 1689년에 아이작 뉴턴을 만남

but he did not accept Newton's law of universal gravitation.

☞ ❸ 뉴턴의 만유인력 법칙을 받아들이지 않았음

Huygens' wideranging achievements included some of the most accurate clocks of his time, the result of his work on pendulums.

☞ ❹ Huygens의 광범위한 업적 중에는 당대의 가장 정확한 시계 중 몇몇이 포함됨

His astronomical work, carried out using his own telescopes, the largest of Saturn's moons, and the first correct description of Saturn's rings.

☞ ❺ 자신의 망원경을 사용하여 천문학 연구를 함

① 대학에서 법과 수학을 공부했다.

② 1689년에 뉴턴을 만났다.

③ 뉴턴의 만유인력 법칙을 받아들였다. → 불일치

④ 당대의 가장 정확한 시계 중 몇몇이 업적에 포함되었다.

⑤ 자신의 망원경을 사용하여 천문학 연구를 수행했다

오답의 모든 것

① 대학에서 법과 수학을 공부했다.

▶본문 두 번째 문장에서 Christiaan Huygens는 대학에서 법과 수학을 공부했다(studied law and mathematics)는 내용과 일치하므로 오답 보기

② 1689년에 뉴턴을 만났다.

▶본문 세 번째 문장에서 Christiaan Huygens는 영국을 몇 차례 방문했고, 1689년에 아이작 뉴턴을 만났다(met Isaac Newton in 1689)는 내용과 일치하므로 오답 보기

③ 뉴턴의 만유인력의 법칙을 받아들였다.

▶본문 네 번째 문장에서 Christiaan Huygens는 **'뉴턴의 만유인력 법칙을 받아들이지 않았다(did not accept)'**고 진술하므로, **'뉴턴의 만유입력의 법칙을 받아들였다'**는 선택지의 내용은 이와 일치하지 않는 정답 보기

④ 당대의 가장 정확한 시계 중 몇몇이 업적에 포함되었다.

▶본문 다섯 번째 문장에서 Christiaan Huygens의 광범위한 업적에는 당대의 가장 정확한 시계 중 몇몇이 포함된다(included some of the most accurate clocks of his time)는 내용과 일치하므로 오답 보기

⑤ 자신의 망원경을 사용하여 천문학 연구를 수행했다.

▶본문 마지막 문장에서 Christiaan Huygens의 천문학 연구는 자신의 망원경을 사용해 수행되었다(carried out using his own telescopes)는 내용과 일치하므로 오답 보기

주요 어휘 및 표현

astronomer 천문학자
devote 바치다, 전념하다
optics 광학
grind 갈다, 연마하다
motion 운동
achievement 업적
astronomical 천문학의
carry out ~을 수행하다
Titan 타이탄(토성의 위성)
moon 위성

(4) 고난도 연습 문제

정답

본문 95쪽

[⑤]

해석

Frank Hyneman Knight는 20세기의 가장 영향력 있는 경제학자들 중 한 명이었다. 1916년에 Cornell 대학교에서 박사 학위를 받은 뒤에, Knight는 Cornell, Iowa 대학교, Chicago 대학교에서 가르쳤다. Knight는 경력의 대부분을 Chicago 대학교에서 보냈다. Chicago에서 그의 학생들 중 몇 명은 나중에 노벨상을 받았다. Knight는 경제생활에서 기업가의 역할에 관한 연구인 *Risk,Uncertainty and Profit* 이라는 책의 저자로 알려져 있다. 그는 또한 *The Economic Organization*이라는 제목의 짧은 경제학 개론서를 썼는데, 그것은 미시 경제학 이론의 고전이 되었다. 하지만 Knight는 경제학자를 훨씬 넘어 사회 철학자이기도 했다. 경력의 후반기에 Knight는 자유, 민주주의, 그리고 윤리에 대한 자신의 이론을 발전시켰다. 1952년에 은퇴한 후에도 Knight는 가르치기와 글쓰기에 여전히 적극적이었다.

비법적용

Frank Hyneman Knight was one of the most influential economists of the twentieth century.
☞ ❶ Knight는 20세기의 가장 영향력 있는 경제학자들 중 한 명이었음

Knight spent most of his career at the University of Chicago.
☞ ❷ Knight는 경력의 대부분을 Chicago 대학교에서 보냄

Some of his students at Chicago later received the Nobel Prize.
☞ ❸ Chicago에서 그의 학생들 중 몇 명은 나중에 노벨상을 받음

Knight is known as the author of the book *Risk, Uncertainty and Profit.*
☞ ❹ Knight는 Risk,Uncertainty and Profit이라는 책의 저자로 알려져 있음

After retiring in 1952, Knight remained active in teaching and writing.
☞ ❺ 1952년에 은퇴한 후에도 Knight는 가르치기와 글쓰기에 여전히 적극적이었음

① 20세기의 가장 영향력 있는 경제학자들 중 한 명이었다.
② 경력의 대부분을 University of Chicago에서 보냈다.
③ 그의 학생들 중 몇 명은 나중에 노벨상을 받았다.
④ Risk,Uncertainty and Profit의 저자로 알려져 있다.
⑤ 은퇴 후에는 가르치는 일은 하지 않고 글 쓰는 일에 전념했다. → 불일치

오답의 모든 것

① 20세기의 가장 영향력 있는 경제학자들 중 한 명이었다.

▶본문 첫 번째 문장에서 Knight는 20세기의 가장 영향력 있는 경제학자들 중 한 명이었다(one of the most influential economists of the twentieth century)는 내용과 일치하므로 오답 보기

② 경력의 대부분을 University of Chicago에서 보냈다.

▶본문 세 번째 문장에서 Knight는 경력의 대부분을 Chicago 대학교에서 보냈다(spent most of his career at the University of Chicago)는 내용과 일치하므로 오답 보기

③ 그의 학생들 중 몇 명은 나중에 노벨상을 받았다.

▶본문 네 번째 문장에서 Knight의 학생들 중 몇 명(Some of his students)은 나중에 노벨상을 받았다(received the Nobel Prize)는 내용과 일치하므로 오답 보기

④ Risk,Uncertainty and Profit의 저자로 알려져 있다.

▶본문 다섯 번째 문장에서 Knight는 경제생활에서 기업가의 역할에 관한 연구인 Risk, Uncertainty and Profit이라는 책의 저자(the author)로 알려져 있다는 내용과 일치하므로 오답 보기

⑤ 은퇴 후에는 가르치는 일은 하지 않고 글 쓰는 일에 전념했다.

▶마지막 문장에서 Knight는 1952년에 **'은퇴한 후에도(After retiring) 가르치기와 글쓰기에 여전히 적극적이었다(remained active in teaching and writing)'**고 진술하고 있으므로, **'은퇴 후에는 가르치는 일은 하지 않았다'**는 선택지의 내용은 이와 일치하지 않는 정답 보기

주요 어휘 및 표현

influential 영향력 있는
economist 경제학자
introduction 개론서
entitle 목을 붙이다
retire 은퇴하다
microeconomic theory 미시 경제학 이론

2 실용문

(1) 비법 연습 문제

정답

본문 97쪽

1) ① T ② T ③ F　　2) ① T ② F ③ F　　3) ① T ② T ③ F

해석

1.

비용	이용 안내
• 처음 30분은 무료	• 자전거를 선택하고 자전거의 QR 코드를 스캔합니다. • 헬멧은 제공되지 않습니다.

2.

• **다룰 주제:** – 조명 기술 – 특수 효과	• **수준:** 초급 • 수업 규모는 8명으로 제한되니, 수강 신청을 미루지 마세요!

3.

• **침구류(베개, 담요, 매트리스 커버)**
해지거나 찢어진 것은 괜찮지만, 기름얼룩은 허용되지 않습니다.

• **전자 기기(컴퓨터, 노트북, 휴대폰)**
기기에 저장된 모든 정보는 삭제되어야 합니다.

※ **주의 사항:** 만약 물품이 접수되지 않으면, 그것을 집으로 가져갈 준비를 해 주십시오. 여러분이 쓰레기를 버릴 장소는 제공되지 않습니다.

주요 어휘 및 표현

bike 자전거, 오토바이
beginner 초보자
bedding 침구류, 잠자리
mattress 매트리스
delete 삭제하다
scan 세밀하게 훑어보다
lighting 조명
limited 제한된
blanket 담요, 장막
worn 닳아 해진, 몹시 지친

(2) 기출 연습 문제

정답

본문 98쪽

[③]

해석

수화 수업

만약 여러분이 수화를 배우는 것을 고려한 적이 있다면, 우리 수업이 그것을 할 가장 좋은 방법 중 하나입니다! 수업은 모든 연령대의 사람들에게 열려 있으나 모든 어린이들은 어른의 동반이 필요합니다.

□ **수업 일정**

- 어디: Coorparoo 주민센터
- 언제: 2020년 9월에서 10월까지
  (오후 7시부터 오후 9시까지)

□ **수준**

- 수업 #1 (월요일, 화요일)
  – 이전의 수화 경험이 필요 없습니다.
- 수업 #2 (수요일, 목요일)
  – 최소 1,000개의 수화 동작 지식이 필요합니다.

□ **주의 사항**

- 수업료가 $100입니다.
- 우리는 수업이 저조한 등록으로 취소되지 않는 한 환불을 제공하지 않습니다.
- 등록은 온라인으로만 8월 31일 전에 가능합니다.

우리 웹사이트 www.CRsignlgs.com을 방문하십시오.

주요 어휘 및 표현

required 필수의
refund 환불금
tuition 수업료
registration 등록, 신고

(3) 실전 연습 문제

정답 본문 100쪽

1. [⑤]

해석

2020 학생 블록 쌓기 대회

각 학년의 학생들이 블록으로 만들어진 가장 창의적이고 살기에 알맞은 건축물을 만들기 위해 경쟁할 것입니다!

□ **일시와 장소**
- 11월 21일, 토요일, 오후 2시 ~ 오후 4시
- Green Valley 초등학교 체육관

□ **규칙**
- 모든 건축 프로젝트는 제공된 블록만으로 현장에서 완성되어야 합니다.
- 참가자들은 외부의 도움을 받는 것이 허용되지 않습니다.

□ **선물과 상**
- 모든 참가자는 티셔츠를 받습니다.
- 각 학년 그룹별 우승자는 100달러와 메달을 받습니다.

□ **등록**
- 참가는 무료입니다!
- 11월 15일까지 jeremywilson@greenvalley.org로 이메일을 보내세요.
  (현장에서 등록은 가능하지 않습니다.)

비법적용

2020 Student Building Block Competition

Students in every grade will compete to build the most creative and livable structure made out of blocks!

When & Where
- 2 p.m. – 4 p.m. Saturday, November 21
- Green Valley Elementary School Gym
  ☞ 초등학교 체육관에서 열린다. (① = 일치하므로 오답)

Rules
- All building projects must be completed on site with supplied blocks <u>only</u>.
  ☞ 비법2) 범위 제한의 어구에 유의: 제공되는 블록만을 사용해야 한다. (② = 일치하므로 오답)
- Participants are <u>not</u> allowed to receive outside assistance.
  ☞ 비법2) 부정어구에 유의: 외부의 도움 없이 작품을 완성해야 한다. (③ = 일치하므로 오답)

Gifts & Prizes

- All the participants receive a T-shirt.
- One winner from each grade group wins $100 and a medal.

☞ 비법2) 특정 단어로 대상을 지칭하는 경우에 유의: (참가자 X) 우승자에게 상금과 메달 수여 (④ = 일치하므로 오답)

Sign up

- Participation is FREE!
- Email jeremywilson@greenvalley.org by November 15. (Registration on site is not available.)

☞ 비법2) 부정어구에 유의: 현장에서 등록하는 것이 불가능하다. (⑤ 가능하다 = 불일치하므로 정답)

오답의 모든 것

① 초등학교 체육관에서 열린다. (일치)

▶ 'When & Where: Green Valley Elementary School Gym' 부분과 일치하는 오답 보기

② 제공되는 블록을 사용해야 한다. (일치)

▶ 'All building projects must be completed on site with supplied blocks only.'와 일치하는 오답 보기

③ 외부의 도움 없이 작품을 완성해야 한다. (일치)

▶ 'Participants are not allowed to receive outside assistance.' 부분과 일치하는 오답 보기

④ 우승자에게 상금과 메달을 준다. (일치)

▶ 'One winner from each grade group wins $100 and a medal.' 부분과 일치하는 오답 보기

⑤ 현장에서 등록하는 것이 가능하다. (불일치)

▶ 현장에서 등록하는 것이 불가능(Registration on site is not available.)하므로 불일치하는 정답 보기

주요 어휘 및 표현

compete 경쟁하다
assistance 도움
participation 참가
registration 등록, 신고

정답

2. [⑤]

해석

Crystal Castle 불꽃놀이

영국의 남서부에서 가장 큰 불꽃놀이에 와서 즐기세요!

- 날짜: 2020년 12월 5일과 6일
- 장소: Crystal Castle, Oak 가 132
- 시간: 15:00 ~ 16:00 라이브 음악 쇼
  16:30 ~ 17:30 미로 정원
  18:00 ~ 18:30 불꽃놀이
- 주차: 무료 주차장이 13시에 개방됩니다.
- 주의 사항: 12세 이하의 모든 아동은 성인과 동행해야 합니다. 모든 입장권은 저희 웹사이트 www.crystalcastle.com에서 미리 예매해야 합니다.

비법적용

Crystal Castle Fireworks

Come and enjoy the biggest fireworks display in the South West of England!

☞ 영국의 남부 지역에서 가장 큰 불꽃놀이이다. (① 북부 지역 = 불일치하므로 오답)

Dates: 5th & 6th December, 2020
Location: Crystal Castle, 132 Oak Street
Time: 15:00 – 16:00 Live Music Show

☞ 라이브 음악 쇼가 불꽃놀이 이전에 진행됨 (② 이후에 진행됨 = 불일치하므로 오답)

16:30 – 17:30 Maze Garden
18:00 – 18:30 Fireworks Display

☞ 비법2) 구체적 수치에 유의: 불꽃놀이는 30분 동안 진행됨 (③ 1시간 진행됨 = 불일치하므로 오답)

Parking:Free car park opens at 13:00.

☞ 비법2) 구체적 수치에 유의: 주차장은 오후 1시부터 무료로 이용 가능하다. (④ 유료 = 불일치하므로 오답)

Note: Any child aged 12 or under must be accompanied by an adult.

☞ 비법2) 범위 제한의 어구에 유의: 12세 이하의 아동은 성인과 동행해야 한다. (⑤ = 일치하므로 정답) ('any'가 사용되었다고 해서 모든 어린이가 어른 동반이 필요한 게 아님)

All tickets must be reserved beforehand on our website www.crystalcastle.com.

오답의 모든 것

① 영국의 북부 지역에서 가장 큰 불꽃놀이이다. (불일치)

▶영국의 남부 지역이므로 불일치하는 오답 보기

② 라이브 음악 쇼가 불꽃놀이 이후에 진행된다. (불일치)

▶라이브 음악 쇼가 불꽃놀이 이전에 진행되므로 불일치하는 오답 보기

③ 불꽃놀이는 1시간 동안 진행된다. (불일치)

▶불꽃놀이는 30분 동안 진행되므로 불일치하는 오답 보기

④ 주차장은 오후 1시부터 유료로 이용 가능하다. (불일치)

▶주차장은 오후 1시부터 무료로 이용 가능하므로 불일치하는 오답 보기

⑤ 12세 이하의 아동은 성인과 동행해야 한다. (일치)

▶**'Any child aged 12 or under must be accompanied by an adult.' 부분과 일치하는 정답 보기**

주요 어휘 및 표현

crystal 결정체, 크리스털
fireworks 불꽃
oak 참나무
maze 미로, 혼란
parking 주차, 주차지역
aged ~살의, 늙은
reserved 예약된, 내성적인
beforehand 사전에, 미리

정답

본문 102쪽

3. [④]

해석

2020 게임 코딩 워크숍

당신의 아이의 컴퓨터 게임에 대한 애정을 기술로 바꾸세요. 이 게임 코딩 워크숍은 아이들 자신의 게임을 만들기 위해 블록 기반 코딩 소프트웨어를 사용하는 방법을 아이들에게 가르칠 것입니다!

□ **날짜와 시간**

- 12월 12일 토요일, 오후 1시에서 오후 3시까지

□ **등록**

- 11월 27일 금요일에 마감
- 참가비는 30달러입니다(Lansing 키즈 클럽 회원은 무료).
- Kid's Coding Center에서 직접 등록하거나 www.lanskidscoding.com에서 온라인으로 등록하십시오.

□ **요구 사항**

- 9세에서 12세까지의 어린이만을 대상으로 함
- 노트북 컴퓨터는 제공되지 않습니다. 참가자들은 자신의 노트북 컴퓨터를 가져와야 합니다.
- 코딩에 대한 사전 지식이 필요하지 않습니다.

더 많은 정보를 위해서는 우리 웹사이트를 방문하십시오.

비법적용

2020 Game-Coding Workshop

Turn your children's love for computer games into a skill. This gamecoding workshop will teach them to use blockbased coding software to create their own games!

□ Date & Time

- <u>Saturday</u>, December 12th, <u>1:00 pm to 3:00 pm</u>

☞ 비법2) 구체적 수치에 유의: 토요일 오후에 진행된다. (① = 일치하므로 오답)

□ Registration

- Closes Friday, November 27th
- Participation fee is $30 (<u>free for Lansing Kids Club members</u>).

☞ Lansing 키즈 클럽 회원은 참가비가 무료이다. (② = 일치하므로 오답)

- <u>Sign up</u> in person at Kid's Coding Center or <u>online</u> at www.lanskidscoding.com.

☞ 온라인 등록이 가능하다. (③ = 일치하므로 오답)

☐ **Requirements**

- Open only to children 9 to 12 years old
- Laptops will not be provided. Participants must bring their own.

☞ 비법2) 부정어구에 유의: 노트북은 제공되지 않는다. (④ 제공된다 = 불일치하므로 정답)

- No prior coding knowledge is required.

☞ 비법2) 부정어구에 유의: 코딩에 대한 사전 지식이 요구되지 않는다. (⑤ = 일치하므로 오답)

Please visit our website for more information.

오답의 모든 것

① 토요일 오후에 진행된다. (일치)

▶'Saturday, December 12th, 1:00 pm to 3:00 pm' 부분과 일치하는 오답 보기

② Lansing 키즈 클럽 회원은 참가비가 무료이다. (일치)

▶'Participation fee is $30 (free for Lansing Kids Club members)' 부분과 일치하는 오답 보기

(주의! 'Participation fee'에만 집중하면 참가비를 30달러로 착각할 수 있으므로, 괄호 내용 꼼꼼히 확인)

③ 온라인 등록이 가능하다. (일치)

▶'Sign up in person at Kid's Coding Center or online' 부분과 일치하는 오답 보기

④ 참가자들에게 노트북 컴퓨터가 제공된다. (불일치)

▶노트북 컴퓨터는 제공되지 않으므로(Laptops will not be provided.) 불일치하는 정답 보기

⑤ 코딩에 대한 사전 지식이 필요 없다. (일치)

▶'No prior coding knowledge is required.' 부분과 일치하는 오답 보기

주요 어휘 및 표현

coding 부호화, 코딩
workshop 워크숍, 작업장
based (~에) 기반을 둔
software 소프트웨어
create 창조하다
registration 등록, 신고
participation 참가
fee 요금, 수수료
requirement 요구, 필요조건
provide 제공하다, 주다
participant 참가자
prior 이전의, ~에 우선하는
knowledge 지식
require 필요하다, 필요로 하다
website 웹사이트
information 정보

(4) 고난도 연습 문제

정답

본문 103쪽

[④]

해석

도자기 페인팅 행사

O-Paint Pottery Studio의 강사들이 재미있는 도자기 페인팅 가족 행사를 위해 우리 학교로 올 것입니다! 그림을 그리러 오는 모든 학생과 가족들을 환영합니다. 가족 모두 데리고 오세요!

이벤트 정보

■ 시간: 2020년 10월 30일 금요일 오후 6~8시

■ 도자기 선택: 머그잔, 접시, 꽃병 (중 선택 1)

■ 수수료: 1인당 10달러 (2달러는 웨인 도서관에 기부될 것입니다.)

* 도장 후 1주일 이내에 도기를 굽고 돌려드릴 예정입니다.

* 모든 재료/물감은 100% 무독성 물질입니다.

비법적용

Pottery Painting Event

<u>Instructors from O-Paint Pottery Studio</u> will be traveling to our school for a fun family event of pottery painting!

☞ O-Paint Pottery Studio의 강사가 학교에 와서 행사를 진행한다. (① = 일치하므로 오답)

All students and family members are welcome to paint. Please bring the whole family!

Event Information

■ Time: <u>6 p.m. - 8 p.m. Friday</u>, October 30, 2020

☞ 비법2) 구체적 수치에 유의: 금요일 저녁에 6~8시까지 2시간 동안 진행한다. (② = 일치하므로 오답)

■ Choice of pottery: <u>mug, plate, vase (Choose one.)</u>

☞ 도자기 품목 세 가지 중 하나를 선택 가능하다. (③ = 일치하므로 오답)

■ Fee: $10 per person (<u>$2 will be donated</u> to Waine Library.)

☞ 비법2) 구체적 수치에 유의: 참가비 10달러 중 2달러가 Waine 도서관에 기부된다. (④ 절반이 기부된다 = 불일치하므로 정답)

*After painting, pottery will be fired and <u>returned</u> within one week.

☞ 도자기를 구운 후 참가자에게 돌려준다. (⑤ = 일치하므로 오답)

*All materials/paints are 100% nontoxic.

오답의 모든 것

① O-Paint Pottery Studio의 강사가 학교에 와서 진행한다. (일치)

▶'<u>Instructors from O-Paint Pottery Studio</u> will be traveling to our school' 부분과 일치하는 오답 보기

② 금요일 저녁에 2시간 동안 진행된다. (일치)

▶'Time: 6 p.m. – 8 p.m. Friday' 부분과 일치하는 오답 보기

③ 도자기 품목 세 가지 중 하나를 선택할 수 있다. (일치)

▶'Choice of pottery(도자기): mug, plate, vase (Choose one.)' 부분과 일치하는 오답 보기

④ 참가비 중 절반이 Waine 도서관에 기부된다. (불일치)

▶10달러인 참가비 중 2달러가 기부되므로 불일치하는 정답 보기 (절반이 아니라 5분의 1임)

⑤ 도자기를 구운 후 참가자에게 돌려준다. (일치)

▶'After painting, pottery will be fired and returned within one week.' 부분과 일치하는 오답 보기

주요 어휘 및 표현

pottery 도자기
painting 그림, 그림 그리기
instructor 강사
studio 방송실, 스튜디오
travel 여행하다, 이동하다
whole 전체의, 전체
information 정보
mug 머그잔
fee 요금, 수수료
per ~마다, 각
donate 기부하다
within ~이내에
material 재료, 소재
toxic 유독성의

3 도표

(1) 비법 연습 문제

정답

본문 105쪽

1) X 2) O 3) O 4) X

해석

1) 상업 및 산업 폐기물의 비율은 가정 폐기물 비율의 두 배가 넘는다.
2) 가정 폐기물 부문은 도시 전체 고형 폐기물 총량의 약 3분의 1을 차지한다.
3) 가정 폐기물 중에서는 음식 및 정원 폐기물이 가장 높은 비율을 차지한다.
4) 기타 폐기물은 가정 폐기물의 15%인데, 이는 플라스틱의 비율보다 다섯 배가 더 높다.

주요 어휘 및 표현

commercial 상업의
industrial 산업의
domestic 가정의
make up ~를 구성하다, 형성하다

(2) 기출 연습 문제

정답

본문 106쪽

[⑤]

해석

내셔널 풋볼 리그에서 경기의 요일별 부상률 (2014 ~ 2017)

위 그래프는 2014년부터 2017년까지 내셔널 풋볼 리그(NFL) 경기의 요일별 부상률을 보여 준다. 목요일 경기 부상률은 2014년에 가장 낮았고 2017년에 가장 높았다. 토요일, 일요일 그리고 월요일 경기 부상률은 2014년부터 2017년까지 꾸준히 감소하였다. 2017년을 제외한 모든 해에 목요일 경기 부상률이 토요일, 일요일 그리고 월요일 경기 부상률보다 더 낮았다. 목요일 경기 부상률과 토요일, 일요일 그리고 월요일 경기 부상률 간의 차이는 2014년에 가장 컸고 2017년에 가장 작았다. 4년 중 두 해에(→ 한 해에), 목요일 경기 부상률이 4년 전체의 목요일 경기 부상률보다 더 높았다.

주요 어휘 및 표현

injury 부상
steadily 꾸준히
except ~를 제외하고
gap 격차, 차이

(3) 실전 연습 문제

정답

본문 108쪽

1. [④]

해석

2015년에 전 세계에서 가장 많이 사용된 언어들

위 그래프는 2015년에 전 세계에서 가장 많이 사용되는 다섯 개 언어의 총사용자 수와 원어민 수를 보여준다. 영어는 전 세계에서 가장 많이 사용되는 언어로, 15억 명의 총사용자가 있다. 중국어는 목록에서 2위로 11억 명의 총사용자가 있다. 하지만 원어민 수라는 면에서는, 전 세계에서 중국어가 가장 많이 사용되는 언어이며, 힌두어가 그 뒤를 잇는다. 영어 원어민 수는 스페인어 원어민 수보다 더 적다(→더 많다). 프랑스어는 원어민 수라는 면에서 다섯 개 언어 중 가장 적게 사용되는 언어이다.

비법적용

The Most Spoken Languages Worldwide in 2015

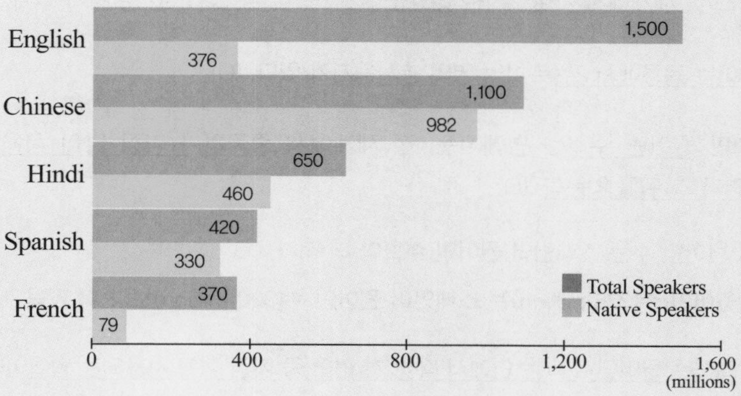

*Note: Total Speakers = Native Speakers + Non-native Speakers

The above graph shows the numbers of total speakers and native speakers of the five most spoken languages worldwide in 2015.

☞ 비법1) 도표 제목, X축/Y축, 첫 문장 읽고 개요 파악 (2015년에 전 세계에서 가장 많이 사용된 언어 다섯 개의 총사용자 수와 원어민 수)

① English is the most spoken language worldwide, with 1,500 million total speakers. ② Chinese is second on the list with 1,100 million total speakers. ③ In terms of the number of native speakers, however, Chinese is the most spoken language worldwide, followed by Hindi.

☞ 비법3) 도표관련 어휘/표현을 숙지하며 나머지 선택지들도 도표와 일치하는지 확인

④ The number of native speakers of English is **smaller than** that of Spanish. ⑤ French is **the least spoken language** among the five in terms of the number of native speakers.

☞ 비법2) 시간 절약을 위해 선택지 ⑤번부터 먼저 읽기, 그 다음에는 ④번을 먼저 읽기
(④에서 영어 원어민 수 375 millions는 스페인어 원어민 수 330 millions보다 **더 많음**)

오답의 모든 것

① 영어는 전 세계에서 가장 많이 사용되는 언어로, 15억 명의 총사용자가 있다. (O)

② 중국어는 목록에서 2위로 11억 명의 총사용자가 있다. (O)

③ 하지만 원어민 수라는 면에서는, 전 세계에서 중국어가 가장 많이 사용되는 언어이며, 힌두어가 그 뒤를 잇는다. (O)

④ 영어 원어민 수는 스페인어 원어민 수보다 더 적다. (X)
▶영어 원어민 수(375 million)는 스페인어 원어민 수(330 million)보다 더 많음

⑤ 프랑스어는 원어민 수라는 면에서 다섯 개 언어 중 가장 적게 사용되는 언어이다. (O)

주요 어휘 및 표현

worldwide 전 세계적인
native speaker 원어민
in terms of ~라는 면에서
least 가장 적게

정답

본문 109쪽

2. [④]

해석

2014년 지역별 자연재해

위 두 원그래프는 2014년의 지역별 자연재해 횟수와 피해액을 보여 준다. 다섯 지역 중 아시아의 자연재해 횟수가 가장 많았으며, 유럽의 비율의 2배가 넘는 36%를 차지했다. 아메리카가 23%를 차지하면서 자연재해 횟수가 두 번째로 많았다. 오세아니아의 자연재해 횟수가 가장 적었으며 아프리카의 자연재해 횟수의 3분의 1도 안 되었다. 아시아의 피해액이 가장 많았으며 아메리카와 유럽이 합쳐진 액수보다 더 많았다(→ 더 적었다). 아프리카가 비록 자연재해 횟수에서는 3위를 차지했지만 피해액은 가장 적었다.

비법적용

Natural Disasters by Region, 2014

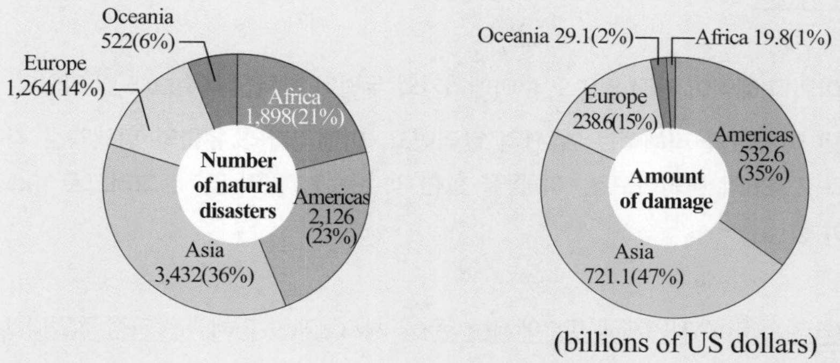

(billions of US dollars)

The two pie charts above show the number of natural disasters and the amount of damage by region in 2014.

☞ 비법1) 도표 제목, X축/Y축, 첫 문장 읽고 개요 파악 (2014년의 지역별 자연재해 횟수와 피해액)

① The number of natural disasters in Asia was the largest of all five regions and accounted for 36 percent, which was more than twice the percentage of Europe. ② Americas had the second largest number of natural disasters, taking up 23 percent. ③ The number of natural disasters in Oceania was the smallest and less than a third of that in Africa.

☞ 비법3) 도표관련 어휘/표현을 숙지하며 나머지 선택지들도 도표와 일치하는지 확인

④ The amount of damage in Asia was the largest and **more than** the combined amount of Americas and Europe. ⑤ Africa had the least amount of damage even though it ranked third in the number of natural disasters.

☞ 비법2) 시간 절약을 위해 선택지 ⑤번부터 먼저 읽기, 그 다음에는 ④번을 먼저 읽기

(④번에서 아시아의 피해액은 721.1 billions로 가장 많았으나, 이는 아메리카와 유럽의 피해액을 합친 액수 532.6 + 238.6 = 771.2 billions **보다 많은 것은 아님**)

오답의 모든 것

① 다섯 지역 중 아시아의 자연재해 횟수가 가장 많았으며, 유럽의 비율의 2배가 넘는 36%를 차지했다. (O)

② 아메리카가 23%를 차지하면서 자연재해 횟수가 두 번째로 많았다. (O)

③ 오세아니아의 자연재해 횟수(522)가 가장 적었으며 아프리카의 자연재해 횟수(1,898)의 3분의 1도 안 되었다. (O)

④ 아시아의 피해액이 가장 많았으며 아메리카와 유럽이 합쳐진 액수보다 더 많았다. (X)

▶2014년 아시아의 피해액은 7,211억 달러이고, 아메리카와 유럽의 피해액은 각각 5,326억 달러와 2,386억 달러이므로, 이 둘을 합한 액수는 7,712억 달러. 그러므로 more를 less로 고쳐야 함

⑤ 아프리카가 비록 자연재해 횟수에서는 3위를 차지했지만 피해액은 가장 적었다. (O)

주요 어휘 및 표현

natural disaster 자연재해
amount 액수, 양
damage 피해
region 지역
account for ~을 차지하다
take up ~을 차지하다
combined 합쳐진
rank (순위를) 차지하다

정답

본문 110쪽

3. [④]

해석

2037년까지 인공지능으로 비롯될 일자리 창출과 대체

위의 표는 2017년 현존하는 일자리 대비 2037년에 영국의 5개 산업 분야에서 인공 지능으로 비롯되는 일자리 창출과 대체 비율의 추정치를 보여준다. 건강 · 사회 복지 분야는 30퍼센트가 넘는 일자리 창출을 겪고 22퍼센트의 양의 순효과를 가질 것이다. 제조업 분야는 2017년에 현존하는 일자리의 30퍼센트의 대체를 겪을 것으로 예상되며 5퍼센트만 창출된다. 도소매업 분야에서 2017년에 존재하는 일자리 4개 중 1개 넘게 대체될 것이라고 추정된다. 전문 · 과학 · 기술 분야에서의 일자리 창출 비율은 같은 분야에서의 일자리 대체 비율의 2배 넘게 높을 것으로(→ 2배는 넘지 않는 것으로) 추정된다. 교육 분야의 일자리 창출 비율은 제조업 분야의 일자리 창출 비율보다 더 높을 것으로 예상된다.

비법적용

Estimated Job Creation and Displacement from AI in the U.K. by 2037

Industry sector	% of existing jobs (in 2017)		
	Creation (A)	Displacement (B)	Net effect (A-B)
Health & social work	34%	12%	22%
Professional, scientific & technical	33%	18%	15%
Education	12%	5%	7%
Wholesale & retail trade	26%	28%	-2%
Manufacturing	5%	30%	-35%

The table above shows percentage estimates of the job creation and displacement from Artificial Intelligence (AI) in five industry sectors in the U.K. by 2037 compared with existing jobs in 2017.

☞ 비법1) 도표 제목, X축/Y축, 첫 문장 읽고 개요 파악 (2017년 현존하는 일자리 대비 2037년에 영국의 5개 산업 분야에서 인공 지능으로 비롯되는 일자리 창출과 대체 비율의 추정치)

① The health & social work sector is estimated to undergo job creation of more than 30%, with a positive net effect of 22%. ② The manufacturing sector is anticipated to suffer a displacement of 30% of its existing jobs in 2017 with only 5% of job creation. ③ More than one in four jobs in 2017 are estimated to be displaced in the wholesale & retail trade sector.

☞ 비법3) 도표관련 어휘/표현을 숙지하며 나머지 선택지들도 도표와 일치하는지 확인

④ The percentage of job creation in the professional, scientific & technical sector is estimated to be **more than double** that of job displacement in the same sector. ⑤ The job creation percentage of the education sector is projected to be higher than that of the manufacturing sector.

☞ 비법2) 시간 절약을 위해 선택지 ⑤번부터 먼저 읽기, 그 다음에는 ④번을 먼저 읽기

(4번에서 전문, 과학 · 기술 분야에서의 일자리 창출 비율 33%는 같은 분야에서의 일자리 대체 비율인 18%의 2배인 36%를 **넘지 않음**)

오답의 모든 것

① 건강 · 사회 복지 분야는 30퍼센트가 넘는 일자리 창출을 겪고 22퍼센트의 양의 순효과를 가질 것이다. (O)

② 제조업 분야는 2017년 존재하는 일자리의 30퍼센트의 대체를 겪을 것으로 예상되며 5퍼센트만 창출된다. (O)

③ 도소매업 분야에서 2017년 존재하는 일자리 4개 중 1개 넘게(=25% 이상)대체될 것이라고 추정된다. (O)

④ 전문 · 과학 · 기술 분야에서의 일자리 창출 비율은 같은 분야에서의 일자리 대체 비율의 2배를 넘는다. (X)

▶전문 · 과학 · 기술 분야에서의 일자리 창출 비율 33%는 같은 분야에서의 일자리 대체 비율인 18%의 2배인 36%를 넘지 않음

⑤ 교육 분야의 일자리 창출 비율은 제조업 분야의 일자리 창출 비율보다 더 높을 것으로 예상된다. (O)

주요 어휘 및 표현

estimate 추정하다, 추정치
AI (artificial intelligence) 인공 지능
sector 분야, 부문
social work 사회 복지
wholesale 도매
retail 소매
manufacture 제조하다
existing 현존하는, 기존의
net effect 순효과
undergo 겪다
anticipate 예상하다, 전망하다
suffer 겪다

(4) 고난도 연습 문제

정답

본문 111쪽

[④]

해석

세계 인구의 전기 이용 기회

위 도표는 1997년과 2017년 세계 인구의 전기 이용 기회를 보여 준다. 2017년의 전기를 이용할 수 있었던 총 세계 인구 비율은 1997년의 비율보다 11퍼센트 포인트 높았다. 1997년과 2017년 두 해 모두 시골 인구의 80퍼센트 미만이 전기를 이용할 수 있었던 반면, 90퍼센트가 넘는 도시 인구가 전기를 이용할 수 있었다. 1997년에 시골 인구의 36퍼센트가 전기를 이용할 수 없었던 반면, 도시 인구의 5퍼센트가 전기를 이용할 수 없었다. 2017년에 전기를 이용할 수 없었던 시골 인구의 비율은 1997년의 비율보다 20퍼센트 포인트(→ 15퍼센트 포인트) 더 낮았다. 전기를 이용할 수 없었던 도시 인구의 비율은 1997년의 5퍼센트에서 2017년의 3퍼센트로 감소하였다.

비법적용

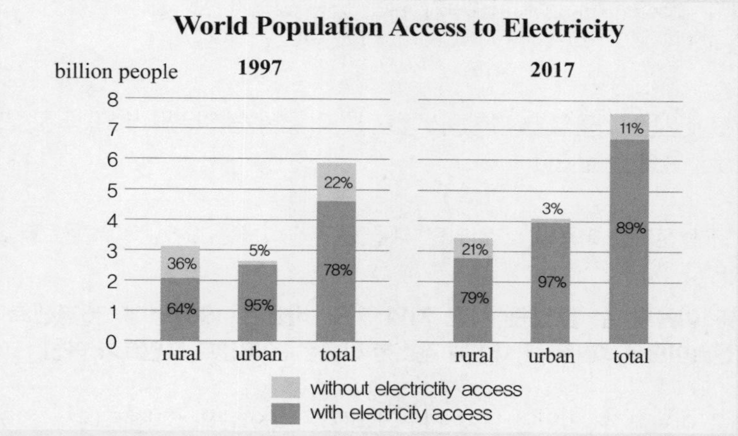

The above graph shows the world population access to electricity in 1997 and in 2017.

☞ 비법1) 도표 제목, X축/Y축, 첫 문장 읽고 개요 파악 (1997년과 2017년 세계 인구의 전기 이용 기회)

① The percentage of the total world population with electricity access in 2017 was 11 percentage points higher than that in 1997. ② Both in 1997 and in 2017, less than 80% of the rural population had access to electricity while over 90% of the urban population had access to electricity. ③ In 1997, 36% of the rural population did not have electricity access while 5% of the urban population did not have access to electricity.

☞ 비법3) 도표관련 어휘/표현을 숙지하며 나머지 선택지들도 도표와 일치하는지 확인

④ The percentage of the rural population without electricity access in 2017 was **20 percentage points lower than** that in 1997. ⑤ The percentage of the urban population without electricity access decreased from 5% in 1997 to 3% in 2017.

☞ 비법2) 시간 절약을 위해 선택지 ⑤번부터 먼저 읽기, 그 다음에는 ④번을 먼저 읽기

(4번에서 2017년에 전기를 이용할 수 없었던 시골 인구의 비율은 21%로, 이는 1997년에 전기를 이용할 수 없었던 시골 인구의 비율 36%에 비해 **15%p 낮아진** 수치임)

오답의 모든 것

① 2017년의 전기를 이용할 수 있었던 총 세계 인구 비율(89%)은 1997년의 비율(78%)보다 11퍼센트 포인트 높았다. (O)

② 1997년과 2017년 두 해 모두 시골 인구의 80퍼센트 미만이 전기를 이용할 수 있었던 반면(각각 64%, 79%), 90퍼센트가 넘는 도시 인구가 전기를 이용할 수 있었다(각각 95%, 97%). (O)

③ 1997년에 시골 인구의 36퍼센트가 전기를 이용할 수 없었던 반면, 도시 인구의 5퍼센트가 전기를 이용할 수 없었다. (O)

④ 2017년에 전기를 이용할 수 없었던 시골 인구의 비율은 1997년의 비율보다 20퍼센트 포인트 더 낮았다. (X)

▶ 전기를 이용할 수 없었던 시골 지역 인구 비율은 1997년에 36퍼센트이고, 2017년에 21퍼센트이므로, 이 두 해 사이에 감소한 비율은 20퍼센트 포인트가 아닌 15퍼센트 포인트.

⑤ 전기를 이용할 수 없었던 도시 인구의 비율은 1997년의 5퍼센트에서 2017년의 3퍼센트로 감소하였다. (O)

주요 어휘 및 표현

population 인구
access 접근, 접근 권한
rural 시골의
urban 도시의

4 지칭 추론

(1) 비법 연습 문제

정답

본문 113쪽

1) (a) Martha (b) Martha (c) Emma (d) Martha (e) Martha
2) Emma

해석

"Emma, 올해 너는 참 착한 아이였어. 오늘밤, 산타 할아버지가 우리 집에 들러서 너에게 선물을 몇 개 두고 가실 거야." Martha가 (a) <u>그녀</u>의 귀여운 딸에게 웃으며 말했다. "Fred 너에게도." 그녀가 덧붙였다. 그녀는 자신의 두 아이들에게 더 많은 것을 주길 원했지만 올해는 Martha에게 특히 힘들었다. 그녀는 자신의 두 아이들을 위한 크리스마스 선물들을 사기 위해 밤낮으로 일했다.

그날 밤, 모두가 잠들고 난 후 Emma는 천천히 침대 밖으로 기어 나왔다. 그녀는 산타 할아버지에게 편지를 쓰기 위해 공책 한 장을 찢어 냈다. 그녀는 쓰면서 혼자 작은 소리로 속삭였다. "산타 할아버지께, 저희 엄마를 위해서 미소와 웃음을 조금 보내주실 수 있나요? (b) <u>그녀</u>는 별로 웃지 않아요. 그리고 Fred를 위한 장난감도 몇 개 보내주실 수 있나요? 고맙습니다." Emma는 그 편지를 두 번 접어 봉투에 넣고 붙였다. 그녀는 현관 밖에 그 봉투를 두고 나서 다시 잠자리에 들었다.

다음 날 아침 Emma가 자신의 엄마에게 뛰어왔다. "엄마, 어젯밤 정말로 산타 할아버지가 오셨어요!" 양말 속에서 (c) <u>그녀</u>가 틀림없이 발견했을 사탕과 쿠키를 떠올리며 Martha가 미소 지었다. "산타 할아버지가 주신 선물들이 마음에 들었니?" "네, 멋져요. Fred도 그분이 주신 장난감들이 마음에 든대요." Martha는 혼란스러웠다. 그녀는 사탕과 쿠키가 하룻밤 사이에 어떻게 장난감으로 바뀌게 되었는지 궁금했다. Martha는 Emma의 방으로 뛰어 들어가서 반쯤 열려 있는 작은 빨간 상자를 보았다. 그녀는 무릎을 꿇고 그 내용물을 알기 위해 안을 들여다보았다.

그 상자는 장난감 몇 개, 그리고 셀 수 없이 많은 작은 사탕과 쿠키를 담고 있었다. "엄마, 이건 산타 할아버지가 엄마에게 주신 거예요." Emma가 Martha를 향해 카드 하나를 내밀며 말했다. 당황한 채로, (d) <u>그녀</u>는 그것을 열었다. 그것이 쓰여 있길, "Emma 어머님께. 정말 메리 크리스마스입니다! 안녕하세요, 저는 Amelia입니다. 어젯밤 길 건너편에서 바람에 날리는 당신의 아이가 쓴 편지를 발견했습니다. 제가 감동을 받아 답장을 하지 않을 수 없었습니다. 부디 이 선물을 크리스마스 인사로 받아주세요." Martha는 눈물이 (e) <u>그녀</u>의 볼을 타고 흘러내리는 것을 느꼈다. 그녀는 천천히 눈물을 닦고 자신의 딸을 껴안았다. "Emma, 메리 크리스마스. 엄마가 너에게 산타 할아버지가 오실 거라고 말했었지?"

주요 어휘 및 표현

notebook 공책
overnight 하룻밤 사이에, 갑자기
countless 셀 수 없이 많은
greeting 인사, 안부인사말
confused 혼란스러워하는
kneel 무릎을 꿇다
contents 내용물
puzzled 어리둥절해하는

(2) 기출 연습 문제

본문 114쪽

정답 [③]

해석

James Walker는 유명한 레슬링 선수였고 레슬링으로 생계를 유지했다. 그의 마을에는 마을의 지도자가 하루를 정해 James가 자신의 기술을 보여 주는 전통이 있었다. 지도자는 어느 날 James가 레슬링 선수로서 자신의 기술을 보여 줄 것임을 알렸고, 사람들에게 상금을 위해 (a) 그에게 도전할 사람이 있는지 물었다.

모두가 군중 속에서 주위를 둘러보던 중 한 노인이 일어나서 떨리는 목소리로 "내가 (b) 그와의 경기에 참가하겠소."라고 말했다. 모두가 그것이 농담이라고 여기며 웃음을 터뜨렸다. James는 그를 바로 뭉개버릴 것이었다. 관례에 따라 지도자는 본인의 자유 의지로 경기에 참여하려는 사람을 막을 수가 없었기에 그 노인이 그 레슬링 선수에게 도전하는 것을 허용했다.

James가 그 노인을 봤을 때, 그는 말문이 막혔다. 다른 모든 사람과 마찬가지로 그는 그 노인이 죽기를 바란다고 생각했다. (c) 그는 James에게 할 말이 있었기 때문에 노인은 James에게 더 가까이 와 줄 것을 청했다. James가 더 가까이 가자 노인은 "내가 이기는 게 불가능하다는 것은 알고는 있지만 내 아이들이 집에서 굶주리고 있다네. 내가 상금으로 아이들에게 밥을 먹일 수 있게 나에게 이 시합을 져줄 수 있소?"라고 속삭였다.

James는 곤경에 처한 사람을 도울 아주 좋은 기회를 얻었다고 생각했다. (d) 그는 아무도 그 시합이 정해졌다고 의심하지 못하도록 몇 가지 동작을 했다. 그러나 그는 전력을 다하지 않았고 그 노인이 이기게 했다. 노인은 상금을 받고 매우 기뻐했다. 그날 밤 James는 (e) 그가 이제껏 느껴보지 못한 가장 큰 승리감을 느꼈다.

주요 어휘 및 표현

renowned 유명한, 명성 있는
wrestling 레슬링
fixed (이미 승부 등이) 정해진
wrestler 레슬링선수
starve 굶주리다, 굶어 죽다
victorious 승리한, 승리를 거둔

(3) 실전 연습 문제

본문 116쪽

정답

1. [⑤]

해석

어느 작은 마을의 한 상인에게 일란성 쌍둥이 아들이 있었다. 그 아들들은 아버지가 소유했던 가게에서 일했고 아버지가 죽었을 때, 그들은 그 가게를 물려받았다. 20달러 지폐가 사라졌던 날까지는 모든 일이 잘 풀렸다. 형제 중 한 명이 계산대에 지폐를 두고 친구와 밖으로 나갔다. 그가 돌아왔을 때, 돈은 사라졌다. (a) <u>그</u>가 그의 형에게 "계산대에 있던 그 20달러 지폐 봤어?"라고 물었다.

그의 형은 보지 못했다고 대답했다. 그러나 (b) <u>그 동생</u>은 계속해서 그에게 물었다. "20달러 지폐가 일어나서 걸어 나갈 수 없잖아! 분명히 형은 그것을 봤을 거야!" (c) <u>그</u>의 목소리에는 미묘한 비난이 담겨있었다. 화가 나기 시작했다. 증오가 자리 잡았다. 머지않아 적대감이 쌍둥이 형제를 갈라놓았다. 그들은 말하는 것을 거부했다. 그들은 마침내 다시는 함께 일하지 않기로 했고 가게를 나누는 벽이 가게 중앙에 세워졌다. 20년 동안 증오심이 자랐고, 그들의 가족과 지역사회에 전해졌다.

그러던 어느 날 다른 주의 한 남자가 가게에 들렀다. 그가 들어와서 동생에게 "당신은 얼마나 여기에 있었나요?"라고 물었다. (d) <u>그</u>는 평생 그곳에 있었다고 대답했다. 손님은 "20년 전에 저는 이 마을에 유개화차를 타고 왔어요. 3일 동안 음식을 먹지 못했죠. 저는 이 가게에 들어와 계산기 위의 20달러 지폐 한 장을 봤어요. 저는 그것을 주머니에 넣고 나갔죠. 지금까지 저는 저 자신을 용서할 수 없었어요. 그래서 저는 그것을 돌려주러 돌아와야 했어요."라고 말했다.

손님은 그 남자의 눈에 눈물이 샘솟는 것을 보고 놀랐다. 동생은 "당신이 저 문으로 가서 가게에 있는 (e) <u>남자</u>에게 똑같은 이야기를 해줄 수 있나요?"라고 말했다. 그런 다음 손님은 두 중년의 남자가 가게 앞에서 서로 안고 흐느껴 우는 것을 보고 훨씬 더 놀랐다. 20년 후에, 단절된 관계가 회복되었다. 그들을 갈라놓았던 분노의 벽은 무너졌다.

비법적용

A merchant in a small town had **<u>identical twin sons</u>**. The boys worked for their father in the store he owned and when he died, they took over the store. Everything went well until the day a twentydollar bill disappeared. One of the brothers had left the bill on the counter and walked outside with a friend. When he returned, the money was gone. (a)<u>He</u> asked his older brother, "Did you see that twentydollar bill on the counter?"

☞ 비법1) 등장인물 파악하기: identical twin sons 쌍둥이 형제

☞ 비법2) 지칭 대상 파악하기:

→ (a) <u>그</u>가 그의 형에게 물어보았다. (a) = 동생

His older brother replied that he had not. But (b)the young man kept questioning him. "Twentydollar bills just don't get up and walk away! Surely you must have seen it!" There was subtle accusation in (c)his voice. Anger began to rise. Hatred set in. Before long, bitterness divided the twins. They refused to speak. They finally decided they could no longer work together and a dividing wall was built down the center of the store. For twenty years the hostility grew, spreading to their families and the community.

☞ 비법2) 지칭 대상 파악하기: [정관사+명사] 형태의 지칭 대상을 앞 문장들에서 찾을 때, He asked his older brother. 문장을 보면 동생이 계속 형에게 질문하고 있음

→ (b) 그 젊은 남자는 계속해서 형에게 물어보았다. (b) = 동생

☞ 비법2) 지칭 대상 파악하기: 큰 따옴표와 함께 나오는 앞 문장은 동생의 대사이므로 (c)는 동생을 지칭

→ (c) 질문을 하는 그의 목소리에는 미묘한 비난이 담겨 있었다. (c) = 동생

Then one day a man from another state stopped by the store. He walked in and asked the younger brother, "How long have you been here?" (d)He replied that he'd been there all his life. The customer said, "Twenty years ago I came into this town in a boxcar. I hadn't eaten for three days. I came into this store and saw a twenty-dollar bill on the counter. I put it in my pocket and walked out. All these years I haven't been able to forgive myself. So I had to come back to return it."

☞ 비법1) 등장인물 파악하기: a man from another state (새로운 인물이 등장해 동생에게 질문함)

☞ 비법2) 지칭 대상 파악하기: 대답하고 있는 사람은 동생이므로 문맥상 (d)는 동생을 지칭

→ (d) 그 남자는 동생에게 얼마나 오래 있었는지 물었고, 그는 평생 그곳에 있었다고 대답했다. (d) = 동생

The customer was amazed to see tears well up in the eyes of the man. "Would you please go next door and tell that same story to (e)the man in the store?" the younger brother said. Then the customer was even more amazed to see the two middleaged men hugging each other and weeping together in the front of the store. After twenty years, the brokenness was repaired. The wall of anger that divided them came down.

☞ 비법2) 지칭 대상 파악하기: 문맥상 (e)는 형을 지칭

→ (e) 동생은 옆 가게에 있는 그 남자에게 같은 얘기를 해 달라고 하였다. (e) = 형

오답의 모든 것

☞ 등장인물: 아버지, 쌍둥이 형제, 손님 / 그 중 (a)~(e)가 형인지 동생인지에 대한 문제

☞ 사건 전개: 쌍둥이 형제는 아버지의 가게를 물려받았다. → 가게 계산기 위에 놓인 20달러 지폐가 없어졌다. → 동생이 형에게 20달러 지폐의 행방을 묻다 비난과 적대감으로 쌍둥이 형제의 가게 중앙에 벽이 세워졌다. → 한 손님이 20년 만에 가게에 다시 방문해 형제의 오해를 풀어주었다. → 쌍둥이 형제는 결국 화해하였다.

① (a) He asked his older brother, "Did you see that twentydollar bill on the counter?"

▶(b) 동생은 그의 형에게 물었다.

② But (b) the young man kept questioning him.

▶(b) 동생은 형에게 계속 물었다.

③ There was subtle accusation in (c) his voice.

▶(c) 동생의 목소리에는 미묘한 비난이 담겨있었다.

④ Then one day a man from another state stopped by the store. He walked in and asked the younger brother, "How long have you been here?" (d) He replied that he'd been there all his life.

▶얼마나 오래 여기에 있었냐는 손님의 질문에 (d) 동생은 평생 그곳에 있었다고 대답했다.

⑤ The customer was amazed to see tears well up in the eyes of the man. "Would you please go next door and tell that same story to (e) the man in the store?"

▶동생이 옆 가게에 있는 (e) 그 남자에게 이야기해달라고 했을 때, 그 남자는 형이므로 정답 보기

주요 어휘 및 표현

identical twin 일란성 쌍둥이
take over 인수하다, 물려받다
counter 계산기
stop by 들르다
surely 확실히, 반드시
subtle 미묘한, 교묘한, 예민한
accusation 비난, 혐의, 고발, 기소
hatred 증오, 미움
bitterness 적대감, 신랄함, 쓴맛
hostility 적의
amazed 대단히 놀란
aged ~살의, 늙은
weep 흐느껴 울다
divide 나누다(= split up)

정답 2. [②]

해석

나는 스위스에서 기차를 타고 있었다. 기차가 멈췄고 스피커를 통해 차장의 목소리가 독일어, 이탈리아어, 그다음 프랑스어로 메시지를 전했다. 나는 휴가를 떠나기 전에 이 언어 중에 어떠한 것도 배우지 않는 실수를 했다. 안내 방송 후, 모두가 기차에서 내리기 시작했고, 한 노부인이 내가 혼란스러워하고 스트레스를 받는 것을 보았다. (a) <u>그녀</u>가 나에게 다가왔다.

그녀는 영어를 조금 할 수 있었고, 나에게 선로에서 사고가 발생했다고 말했다. 그녀는 나에게 어디로 가려고 하는지 물었으며, 그 후 기차에서 내려 승차권 부스에 있는 여자에게 갔다. 노부인은 (b) <u>그녀</u>에게서 기차 노선표와 기차 시간표를 얻었고, 나에게 돌아와서 우리가 거기 가려면 서너 번 기차를 갈아타야 한다고 말했다. 나 혼자서는 그 사실을 알아내기가 불가능했을 것이기에, 나는 (c) <u>그녀</u>가 나와 같은 방향으로 간다는 것이 정말로 기뻤다.

그래서 우리는 여러 기차역을 이동하였고, 그동안 서로에 대해 알아갔다. 총 2.5시간의 여행이었으며 마침내 목적지에 도착했을 때 우리는 기차에서 내렸고 작별의 인사를 했다. 나는 로마로 가는 기차 시간에 딱 맞추어 도착했고, 그녀는 나에게 그녀 역시 기차를 타야 한다고 말했다. 나는 (d) <u>그녀</u>에게 얼마나 더 가야 하는지 물었고, 알고 보니 그녀의 집은 반대 방향으로 두 시간 거리에 있었다.

그녀는 단지 내가 잘 도착하는지를 확인하기 위해 기차를 갈아타고 모든 여행을 했다. "당신은 내가 만난 사람 중에서 가장 친절한 사람이다."라고 나는 말했다. 그녀는 부드럽게 미소 지었고 나를 안아주며 내가 서두르지 않으면 기차를 놓칠 것이라고 내게 말했다. 이 여성은 단지 그녀의 나라를 방문한 혼란스러워하는 여행객을 돕기 위해 그녀의 집에서 몇 시간이나 떨어진 곳으로 (e) <u>그녀</u>를 데려다주는 기차에 앉아 온종일을 보냈다. 아무리 많은 나라를 방문하거나 장소를 보더라도, 나는 세계에서 가장 아름다운 나라는 스위스라고 항상 말한다.

비법적용

<u>I</u> was on a train in Switzerland. The train came to a stop, and the conductor's voice over the loudspeaker delivered a message in German, then Italian, then French. I had made the mistake of not learning any of those languages before my vacation. After the announcement, everyone started getting off the train, and <u>an old woman</u> saw I was confused and stressed. (a) <u>She</u> came up to me.

☞ 비법1) 등장인물 파악하기: I / an old woman

→ (a) 한 노부인이 내가 혼란스러워하는 것을 봤다. <u>그녀</u>는 나에게 다가왔다.

(a) = 노부인

She spoke some English, and she told me that an accident had happened on the tracks. She asked me where I was trying to get to, then she got off the train and went to a woman in the ticket booth. The old woman got a rail map and timetable from (b) her and came back to tell me that we'd have to hop trains three or four times to get there. I was really glad (c) she was headed the same way because it would have been hopeless for me to figure it out on my own.

☞ 비법1) 등장인물 파악하기: a woman in the ticket booth (새로운 인물 등장)

☞ 비법2) 지칭 대상 파악하기

→ (b) 그 노부인은 승차권 부스에 있는 여자에게 갔다. 그녀로부터 노선표와 시간표를 가져왔다.
(b) = 승차권 부스에 있는 여자

→ (c) 길을 혼자서 찾기 힘들었기 때문에 그녀가 같은 방향으로 간다는 사실이 기뻤다.
(c) = 노부인
(여기까지 확인했을 때, 정답이 ②번임을 알 수 있음)

So we went from one train station to the next, getting to know each other along the way. It was a 2.5hour journey in total, and when we finally made it to the destination, we got off and said our goodbyes. I had made it just in time to catch my train to Rome, and she told me she had a train to catch too. I asked (d) her how much farther she had to go, and it turned out her home was two hours back the other way.

→ (d) 나는 그녀에게 얼마나 더 가야 하냐고 물어보았다. (d) = 노부인

She had jumped from train to train and traveled the whole way just to make sure I made it. "You are the nicest person I've ever met," I said. She smiled gently and hugged me and told me I'd better hurry off so I wouldn't miss my train. This woman spent her entire day sitting on trains taking (e) her hours away from her home just to help out a confused tourist visiting her country. No matter how many countries I visit or sites I see, I always say the most beautiful country in the world is Switzerland.

→ (e) 그녀는 혼란스러워하는 여행객(=나)을 돕기 위해, 그녀를 그녀의 집에서 멀리 떨어진 곳으로 데려다주는 기차에 하루 종일 앉아 시간을 보냈다. (e) = 노부인

오답의 모든 것

☞ 등장인물: 나, 노부인, 승차권 부스 직원/ 그 중 (a)~(e)가 노부인인지 직원인지에 대한 문제

☞ 사건 전개: 안내 방송 후 모두가 기차에서 내리기 시작했다. → 한 노부인이 내가 헤매고 있는 것을 보고 나에게 다가왔다. → 노부인은 선로에서 사고가 발생했다고 말했다. → 노부인은 기차에서 내려 승차권 부스에 있는 여자에게 가서 열차 노선표와 열차 시간표를 가져왔다. → 나는 그 노부인 덕분에 로마로 가는 기차 시간에 맞춰 도착했다. → 나는 세계에서 가장 아름다운 나라는 그 노부인이 있는 스위스라고 항상 말한다.

① After the announcement, everyone started getting off the train, and an old woman saw I was confused and stressed. (a) She came up to me.

▶한 (a) 노부인이 나에게 다가왔다.

② She asked me where I was trying to get to, then she got off the train and went to a woman in the ticket booth. The old woman got a rail map and timetable from (b) her …

▶그 노부인은 (b) 승차권 부스에 있는 여자에게 열차 노선표와 시간표를 받았다.

③ I was really glad (c) she was headed the same way because it would have been hopeless for me to figure it out on my own.

▶나는 혼자서 그것을 알아내기는 힘들었기 때문에 (c) 그 노부인이 같은 방향으로 간다는 사실이 매우 기뻤다.

④ I asked (d) her how much farther she had to go, and it turned out her home was two hours back the other way.

▶나는 (d) 노부인에게 얼마나 더 가야 하냐고 물었고, 노부인이 반대쪽으로 두 시간 되돌아가야 한다는 걸 알게 되었다.

⑤ This woman spent her entire day sitting on trains taking (e) her hours away from her home just to help out a confused tourist visiting her country.

▶이 (e) 노부인은 혼란스러워하는 여행객을 돕기 위해 온종일 기차에 앉아서 시간을 보냈다.

주요 어휘 및 표현

deliver 전달하다
Italian 이탈리아어, 이탈리아인
announcement 발표, 성명
confused 혼란스러워하는
timetable 시간표
hop 올라타다
hopeless 가망 없는, 절망하는
destination 목적지
gently 다정하게
tourist 여행가, 관광객

정답

3. 정답 [④]

해석

Maria Sutton은 평균 소득이 매우 낮은 지역의 사회복지사였다. Maria의 많은 고객은 근처 마을의 석탄 산업이 붕괴하였을 때 그들의 일자리를 잃었다. 아이들이 크리스마스에 얼마나 선물을 좋아하는지 알았기 때문에, 크리스마스 시즌마다 Maria는 한 가족을 위해 산타클로스의 특별 방문을 계획하려 했다. Maria의 7살 된 딸, Alice는 (a) 그녀의 엄마의 크리스마스 이벤트를 돕는 것에 열정적이었다.

올해 행운의 가족은 Karen이라는 이름의 25살 된 엄마와 그녀의 3살 된 아들이었고, 그를 그녀는 혼자서 키우고 있었다. 그러나, 상황들이 나빠졌다. 크리스마스 2주 전, 지역 단체의 대표가 Maria에게 전화해서 그녀가 Karen을 위해 요청했던 지원이 성사되지 않았다고 말했다. 산타클로스는 없었다. 선물도 없었다. Maria는 그 소식에 Alice의 얼굴에서 생기가 사라지는 것을 보았다. 이 말을 듣고 난 뒤, (b) 그녀는 자기 방으로 달려갔다.

Alice가 돌아왔을 때, 그녀의 얼굴은 결의에 차 있었다. 그녀는 자기 돼지 저금통에서 동전들을 세면서 꺼냈다: $4.30. "엄마," 그녀는 Maria에게 "(c) 나는 이것이 얼마 되지 않는다는 것을 알아요. 그러나 아마도 이것으로 그 아이를 위한 선물은 살 수 있을 거예요"라고 말했다. Maria는 그녀의 딸을 사랑스럽게 안아주었다. 그다음 날, Maria는 그녀의 동료들에게 그녀 딸의 최근 프로젝트에 대해 말했다. (d) 그녀가 놀랍게도, 직원들은 그들의 지갑을 열기 시작했다. Alice의 선물 이야기는 Maria의 사무실을 넘어 퍼졌고, Maria는 300달러를 모금할 수 있었다.—Karen과 그녀 아들의 크리스마스 선물을 위해 충분했다.

크리스마스 전날, Maria와 Alice는 크리스마스 선물들을 가지고 Karen의 집을 방문했다. Karen이 문을 열었을 때, Maria와 Alice는 그 깜짝 놀란 여성에게 즐거운 크리스마스를 기원해주었다. 그런 다음 Alice는 차에서 선물들을 내리기 시작했고, 그것들을 하나씩 Karen에게 건넸다. Karen은 믿기지 않는다는 듯 웃었고, 그녀가 언젠가 어려운 다른 사람을 위해 비슷한 어떤 일을 할 수 있기를 바란다고 말했다. 집으로 돌아가는 길에, Maria는 Alice에게, "신이 (e) 너의 선물을 늘렸구나"라고 말했다.

비법적용

Maria Sutton was a social worker in a place where the average income was very low. Many of Maria's clients had lost their jobs when the coal industry in a nearby town collapsed. Every Christmas season, knowing how much children loved presents at Christmas, Maria tried to arrange a special visit from Santa Claus for one family. Alice, the seven–year–old daughter of Maria, was very enthusiastic about helping with (a) her mother's Christmas event.

☞ 비법1) 등장인물 파악하기: Maria Sutton / Alice

→ Maria의 7살 딸인 Alice는 그녀의 엄마의 크리스마스 행사를 돕는 데 열심이었다. (a) = Alice

☞ 비법3) 소유격 주의하기: 여기서 her mother = Maria이지만, her = Alice임에 주의

This year's lucky family was a 25–year–old mother named Karen and her 3–year–old son, who she was raising by herself. However, things went wrong. Two weeks before Christmas Day, a representative from a local organization called Maria to say that the aid she had requested for Karen had fallen through. No Santa Claus. No presents. Maria saw the cheer disappear from Alice's face at the news. After hearing this, (b) she ran to her room.

☞ 비법2) 지칭 대상 파악하기

→ (b) Maria는 Alice의 얼굴에서 핏기가 사라지는 것을 보았다.
이 말을 듣고, 그녀는 그녀의 방으로 달려갔다. (b) = Alice

When Alice returned, her face was set with determination. She counted out the coins from her piggy bank: $4.30. "Mom," she told Maria, "(c) I know it's not much. But maybe this will buy a present for the kid." Maria gave her daughter a lovely hug. The next day, Maria told her coworkers about her daughter's latest project. To (d) her surprise, staff members began to open their purses. The story of Alice's gift had spread beyond Maria's office, and Maria was able to raise $300—plenty for a Christmas gift for Karen and her son.

→ (c) "엄마," 그녀는 Maria에게 말했다. "나는 이것이 얼마 되지 않는다는 걸 알아요." (c) = Alice

→ (d) 다음날 마리아는 동료에게 그녀 딸의 최근 프로젝트에 대해 말했고, 그녀가 놀랍게도, 동료들은 지갑을 열기 시작했다. (d) = Maria
(여기까지 확인했을 때, 정답이 ④번임을 알 수 있음)

On Christmas Eve, Maria and Alice visited Karen's house with Christmas gifts. When Karen opened the door, Maria and Alice wished the astonished woman a merry Christmas. Then Alice began to unload the gifts from the car, handing them to Karen one by one. Karen laughed in disbelief, and said she hoped she would one day be able to do something similar for someone else in need. On her way home, Maria said to Alice, "God multiplied (e) your gift."

→ (e) Maria는 Alice에게, "신이 너의 선물을 늘렸구나."라고 말했다. (e) = Alice

오답의 모든 것

☞ 등장인물: 사회복지사인 Maria Sutton, Maria의 7살 딸 Alice, Karen

☞ 사건 전개: Maria는 평균 소득이 매우 낮은 지역의 사회복지사였다. → Karen은 세 살 된 아들을 키우고 있었고, Maria는 지역 단체 대표에게 지원이 성사되지 못했다는 연락을 받았다. → Maria는 300달러를 모금할 수 있었다. → 크리스마스 전날 Karen은 선물을 받았다.

① Alice, the seven-year-old daughter of Maria, was very enthusiastic about helping with (a) her mother's Christmas event.

▶Maria의 7살 된 딸, (a) Alice는 엄마의 크리스마스 이벤트를 돕는 것에 열정적이었다.

② No Santa Claus. No presents. Maria saw the cheer disappear from Alice's face at the news. After hearing this, (b) she ran to her room.

▶Maria는 Alice의 얼굴에서 기쁨이 사라지는 것을 보았다. 이 소식을 듣고 (b) Alice는 방으로 달아나버렸다.

③ When Alice returned, her face was set with determination. She counted out the coins from her piggy bank: $4.30. "Mom," she told Maria, "(c) I know it's not much.

▶Alice는 엄마에게 말했다. "엄마, (c) 나(=Alice) 이게 얼마 되지 않는 거 알아."

④ The next day, Maria told her coworkers about her daughter's latest project. To (d) her surprise, staff members began to open their purses.

▶마리아는 직장 동료들에게 딸의 최근 프로젝트에 대해 말했고, (d) 그녀(=Maria)가 놀랍게도 직장 동료들이 지갑을 열기 시작했다.

⑤ On her way home, Maria said to Alice, "God multiplied (e) your gift."

▶Maria는 Alice에게 말했다. "신이 (e) 네(=Alice) 선물을 늘려주셨구나."

주요 어휘 및 표현

collapse 무너지다, 가격이 폭락하다
enthusiastic 열광적인
representative 대표(자)
fall through 완료[실현]되지 못하다
determination 결심, 투지, 결정
latest 최신의
coworker 직장 동료
eve 전날, 저녁
astonished 깜짝 놀란
unload 짐을 내리다
disbelief 불신
multiply 늘리다, 배가하다

(4) 고난도 연습 문제

본문 119쪽

정답

정답 [②]

해석

아이들은 동틀 녘에 할머니 댁에 도착했다. 그들은 항상 한 해의 이맘때면 그녀의 옥수수 수확을 돕기 위해 모였다. 그에 대한 보답으로, 할머니는 선물로 그리고 맛있는 진수성찬을 차림으로써 그들에게 보답하곤 했다. 아이들은 모두 아주 활기 넘쳤다. 하지만 Sally는 아니었다. 그녀는 더위와 먼지를 몹시 싫어했기 때문에 옥수수밭에서 일하는 것을 싫어했다. 다른 아이들이 각자 자루를 들고 노래를 부르며 밭으로 향할 때 (a) 그녀는 아무 말 않고 앉아 있었다.

그들은 들판에 도착해서 즐겁게 일하기 시작했다. 곧이어 Sally는 자신의 자루를 가지고 그들과 합류했다. 오전 중반쯤 할머니는 얼음처럼 차가운 레모네이드와 복숭아 파이를 가지고 왔다. 다 먹은 뒤에, 아이들은 해가 높이 뜨고 자신들의 자루가 터질 때까지 계속 일을 했다. 아이들은 각자 곡물창고로 세 번 이동해야 했다. 할머니는 그들의 노력에 감동하였고, (b) 그녀는 그에 맞춰 그들에게 선물을 주고 싶어 했다.

Sally는 덥고 짜증나기 시작해서 그저 그녀의 선물을 받고 밭을 떠나고 싶었다. (c) 그녀는 자루를 두 번만 채웠지만, 다른 아이들은 이제 세 번째 자루를 곡물창고로 나르고 있었다. Sally는 무거운 한숨을 쉬었다. 그때 한 가지 묘안이 떠올랐다. 자루를 더 가볍게 만들고 일의 속도를 내기 위해, 그녀는 마지막 자루를 옥수수 줄기로 재빨리 채웠다. Sally는 곡물창고에 가장 먼저 도착했고, 할머니는 (d) 그녀에게 마지막에 가져온 짐을 한쪽에 놓고 그 위에 그녀의 이름을 쓰라고 했다.

할머니는 다른 아이들에게도 똑같이 하도록 했다. 그러고 나서 아이들은 모두 할머니의 맛있는 점심을 즐겼다. "난 너희들이 한 일에 너무도 기쁘단다. 올해엔 너희들 모두 마지막에 가져온 짐을 선물로 집에 가져가도 된단다."라고 점심 식사 후에 할머니가 그들에게 말했다. 아이들은 기뻐서 환호했고, 고마움에 기꺼이 그녀에게 감사하다고 했으며, 자신들의 자루를 들어 올려 집으로 가져갔다. Sally는 몹시 실망했다. (e) 그녀의 자루에는 쓸모없는 옥수수 줄기 외에는 아무것도 없었다. 곧이어 그녀는 자신이 무거운 짐이라도 가지고 가는 체하면서 먼 길을 걸어 집으로 갔다.

비법적용

The children arrived at sunrise at their grandmother's house. They always gathered at this time of year to assist with her corn harvest. In return, their grandmother would reward them with a present and by cooking a delicious feast. The children were all in great spirits. But not Sally. She disliked working in the corn field as she hated the heat and the dust. (a) She sat silently as the others took a sack each and then sang their way to the field.

☞ 비법1) 등장인물 파악하기: The children / their grandmother / Sally

→ (a) 다른 아이들이 각자 자루를 들고 밭으로 향할 때 그녀는 아무 말 않고 앉아 있었다.

(a) = Sally

They reached the field and started to work happily. Soon after, Sally joined them with her sack. Around mid-morning, their grandmother came with ice-cold lemonade and peach pie. After finishing, the children continued working until the sun was high and their sacks were bursting. Each child had to make three trips to the granary. Grandmother was impressed by their efforts and (b) she wanted to give them presents accordingly.

☞ 비법2) 지칭 대상 파악하기
→ (b) 할머니는 그들의 노력에 놀라서, 그녀는 아이들에게 선물을 주고 싶어했다.
(b) = 할머니

Sally just wanted to get her present and leave the field because she was starting to get hot and feel irritated. (c) She had only filled her sack twice, but the others were now taking their third sacks to the granary. Sally sighed heavily. Then an idea struck her. To make the sack lighter and speed things up, she quickly filled her last sack with corn stalks. Sally reached the granary first, and her grandmother asked (d) her to put aside the final load and write her name on it.

→ (c) 그녀는 자루를 두 번만 채웠지만, 다른 아이들은 세 번째 자루를 나르고 있었다.
(c) = Sally
(여기까지 확인했을 때, 정답이 ②번임을 알 수 있음)
→ (d) 할머니는 그녀에게 마지막에 가져온 짐을 한쪽에 놓고 이름을 쓰라고 했다. (d) = Sally

Grandmother asked the other children to do the same thing. Then, all of the children enjoyed their grandmother's delicious lunch. "I am so pleased with your work," she told them after lunch. "This year, you can all take home your final load as a present!" The children cheered for joy, gladly thanked her, and lifted their sacks to take home. Sally was terribly disappointed. There was nothing but useless corn stalks in (e) her sack. She then made the long walk home, pretending that she was carrying a heavy load.

→ (e) 그녀의 가방 속에는 쓸모없는 옥수수 줄기밖에 없었다. (e) = Sally

☞ 등장인물: 아이들, Sally, 할머니

☞ 사건 전개: 아이들은 할머니의 옥수수 수확을 돕기 위해 모였다. → 아이들은 각자 세 번씩 옥수수가 담긴 자루를 곡물창고로 날라야 했다. → Sally는 덥고 짜증이 나서 옥수수 밭을 떠나고 싶었다. → 할머니는 아이들에게 맛있는 점심을 제공했고, Sally는 옥수수가 담긴 무거운 자루를 가지고 집으로 갔다.

① (a) She sat silently as the others took a sack each and then sang their way to the field.

▶ 다른 아이들이 자루를 가져올 때 (a) **Sally**는 조용히 앉아 있었다.

② Grandmother was impressed by their efforts and (b) she wanted to give them presents accordingly.

▶ (b) **할머니**는 아이들의 수고에 감동하여 아이들에게 선물을 주고 싶어 했다.

③ (c) She had only filled her sack twice, but the others were now taking their third sacks to the granary.

▶ (c) **Sally**는 자루를 2개만 채웠지만, 다른 아이들은 세 번째 자루를 가져오고 있었다. (여기까지 확인으로 정답이 ②번임을 알 수 있음.)

④ Sally reached the granary first, and her grandmother asked (d) her to put aside the final load and write her name on it.

▶ 할머니는 (d) **Sally**에게 마지막 짐을 옆에 두고 오라고 했다.

⑤ Sally was terribly disappointed. There was nothing but useless corn stalks in (e) her sack.

▶ (e) **Sally**의 가방 속에는 쓸모없는 옥수수 줄기밖에 없었다.

주요 어휘 및 표현

sunrise 동틀녘, 아침노을
silently 잠자코, 조용히
sack 자루
happily 행복하게, 다행히
mid 중간의
accordingly 그에 맞춰, 그런 이유로
heavily 심하게, 세게
stalk (식물의) 줄기[대]

십대에게 꼭 필요한 영오모!